Handbuch für die Praxis

Armin Krenz

Grundlagen der Elementarpädagogik

BurckhardtHaus-Laetare

Handbuch für die Praxis

Armin Krenz

Grundlagen der Elementarpädagogik

Unverzichtbare Eckwerte für eine professionell gestaltete Frühpädagogik

Umschlaggestaltung: Patricia Fuchs, AVR, München
Umschlagfoto: Monkey Business/thinkstock.com
Fotos: S.9, 87,107 Catherin Yeulet/thinkstock.com, S.19 SerhiyKobyakov/thinkstock.com, S.31 sborisov/thinkstock.com, S.41 Dejan Ristovski/thinkstock.com, S.115 contrastwerkstatt/fotolia.com, S.125 diego cervo/thinkstock.com, S.165 William Perugini/Thinkstock.com, S.175 Gerhard Giebener/pixelio.de
Satz und Layout: Sigrun Borstelmann, München
Druck und Verarbeitung: Publikum, Belgrad

www.burckhardthaus-laetare.de

ISBN 978-3-944548-03-6

Inhalt

Vorwort

Am Ende eines anstrengenden Arbeitstages stellen sich viele (elementar-)pädagogische Fachkräfte immer wieder folgende Fragen:

- Wie haben die Kinder den heutigen Tag mit mir erlebt?
- Habe ich die Kinder in ihren unterschiedlichen Ausdrucksformen verstanden und sie in ihren vielfältigen Entwicklungsmöglichkeiten aktiv unterstützt?
- Habe ich die Kinder ernst genommen, konnte ich ihre wirklichen Anliegen spüren und erkennen?
- Ist es mir gelungen, das Selbstwertgefühl der Kinder zu stärken?
- Habe ich alle Kinder beachtet oder habe ich vielleicht bestimmte Kinder übersehen?
- Konnten die Kinder wirklich zeigen, welche Fähigkeiten in ihnen stecken und war ich ihnen hilfreich, diesen Tag – wie auch die anderen Tage – als ein Geschenk dieser Einrichtung zu erleben?
- War ich den Kindern gegenüber gerecht?
- Habe ich am heutigen Tage etwas Wesentliches übersehen?
- Habe ich die Ziele, die ich mir gesetzt habe, erreicht?
- Entsprachen die Ziele den Bedürfnissen der Kinder?
- Waren meine Kompetenzen ausreichend, um gesetzte Ziele zu erreichen?

- In welchem Bereich muss ich dringend etwas dazulernen, damit ich besser werden kann?

Mit diesen und vielen weiteren Fragen beginnt der **Prozess der Selbstauseinandersetzung** und gleichzeitig die Konfrontation mit sich selbst. Ohne Frage bieten sich in diesem Zusammenhang sehr unterschiedliche Möglichkeiten an, Antworten zu finden: Sei es durch Selbstreflexion oder kollegiale Gespräche, durch ein Coaching, durch Einzel-, Gruppen- und Teamsupervision oder durch den Besuch von Fort- und Weiterbildungsseminaren. Das Entscheidende ist dabei immer, *dass* diese und alle anderen Fragen einer Beantwortung bedürfen, um aus dem Grübeln herauszukommen und Erkenntnisse in Handlungen einfließen zu lassen. Andernfalls wird ein permanent schlechtes Gewissen oder eine vor sich ständig hergeschobene Frage den Blick für die neuen Herausforderungen vernebeln und verstellen. Wie heißt es doch so treffend im Krisenmanagement:
„Es gibt keine Probleme – es gibt nur Aufgaben."

Genau an dieser Stelle möchte das Buch ansetzen. Die unterschiedlichen Beiträge sollen den elementarpädagogischen Fachkräften helfen, das Wesentliche zu erkennen, sich auf das Bedeutsame zu konzentrieren und damit Grundlagen für eine professionelle Arbeitsgestaltung in dem eigenen Arbeitsfeld zu installieren, um qualitätsorientiert und kompetent, zielsicher und fachlich begründet eine Pädagogik zu realisieren, die den heutigen Anforderungen entspricht.

Professionalität und Identität pädagogischer Fachkräfte – ein Interview

Das Interview mit extern formulierten Fragestellungen führte Frau Marlies Wagner (MW), Lehrkraft und Supervisorin, Institut für angewandte Psychologie & Pädagogik mit Prof. Dr. Armin Krenz (AK), Wissenschaftsdozent am Institut für angewandte Psychologie & Pädagogik, Kiel

Einleitung

Erzieherinnen und Erziehern wird bekanntermaßen viel abverlangt. Und dies von allen Seiten. Besonders die **Anforderungen an die Persönlichkeit** der pädagogischen Fachkräfte sind wichtige Voraussetzungen für die Ausübung des Berufs: **Kinder brauchen Persönlichkeiten,** an denen sie sich orientieren können. Eltern brauchen Erziehungspartner, die ihnen kritisch gegenüberstehen. Kita-Leitungen brauchen standfeste Repräsentanten ihrer Einrichtung. Alle brauchen Erzieherinnen und Erzieher die kritisch, selbstreflexiv und im Sinne der Kinder Schwächen oder Konstruktionsfehler im Bildungssystem, der Gesellschaft und bei den Eltern ausgleichen.

MW: Herr Dr. Krenz, in Ihren Vorträgen, Seminaren und Weiterbildungen der Frühpädagogik erleben Sie eine große Bandbreite von Pädagoginnen und Pädagogen. Politik, Expertinnen und Experten, Eltern und Medien übertragen ihnen die hohe Verantwortung für die (noch beeinflussbare) Zukunft unserer Kinder. Besondere Aufmerksamkeit, so stellen Sie fest, sollte neben der Alltagsroutine mit Vorschulkindern die persönliche Haltung jeder einzelnen und jedes einzelnen zu den eigenen Freiheiten und Grenzen erfahren. Sie plädieren daher für mehr Professionalität und Identität, zwei wichtige Grundvoraussetzungen für den Beruf.

(MW): Was verstehen Sie unter pädagogischer Professionalität und Identität der Fachkräfte und was zeichnet diese heute aus?

(AK): Wir haben es hier mit zwei außergewöhnlich bedeutsamen Begriffen in der Elementarpädagogik zu tun. Professionalität bedeutet

nichts anderes als ein fachlich fundiertes, inhaltlich berechtigtes (begründbares) und beruflich qualitätsgeprägtes Handlungsverhalten an den Tag zu legen, um jedem einzelnen Kind die Entwicklungschancen in der Frühpädagogik zu geben, die es braucht, um in bedeutsame und **lebenslang wirksame Selbstbildungsprozesse** kommen zu können. Damit dies allerdings keine aufgesetzte, kognitiv orientierte und in Einzelfunktionen aufgeschlüsselte Arbeit ist (oder in einer solchen enden wird), lebt jede gute Pädagogik aus der Person heraus. Das heißt, dass eine lebendige, am Kind und seinen Interessen ausgerichtete und **beziehungsorientierte Partizipationspädagogik** nur möglich und wirksam werden kann, wenn elementarpädagogische Fachkräfte den Inhalten selbst einen hohen Bedeutungswert beimessen und möglichst alle Ziele, die sie für Kinder/Eltern setzen, selbst verinnerlicht haben und mit einer hohen Lebendigkeit im Alltag zeigen. So drücken sich beispielsweise Lerninteresse, Neugierde, Risikofreude, Veränderungsbereitschaft, Konfliktbereitschaft, Zivilcourage, Lernmotivation, Wahrnehmungsoffenheit, Aufgeschlossenheit, Klarheit in den eigenen Aussagen, Differenzierungsfähigkeit in der Unterscheidung von wichtigen und unwichtigen Dingen, Zielorientierung oder Beharrlichkeit als eine „gelebte Haltung" im Alltag aus.

(MW): Warum ist es für die einzelne Fachkraft wichtig, sich mit der eigenen Professionalität und Identität auseinanderzusetzen?

(AK): Heutzutage kommen in der Elementarpädagogik alle Nase lang „neue Programme mit einem (angeblich) ultimativen Bildungswert für Kinder" auf den Markt, der inzwischen von Heilsversprechen regelrecht überflutet ist. Gleichzeitig ist die deutsche Elementarpädagogik von einem regelrechten Bildungswahn erfasst, sodass die Berechtigung bestimmter Ansprüche häufig nicht mehr überprüft wird. Und schließlich besteht die Gefahr, dass sich Erzieher/-innen den vielfältigen Erwartungen aus unterschiedlichen Richtungen allzu schnell beugen und sich damit lediglich zu Erfüllungsgehilfen degradieren

lassen, ohne es zu merken. Damit verlöre die Elementarpädagogik jegliches eigenständige Profil und würde es z. B. an die Schulpädagogik kritiklos anhängen.

Es gibt in der Erziehungspsychologie viele Grundaussagen, die eine entsprechende Auseinandersetzung nötig machen. Drei dieser Ausgangszitate treffen sicherlich punktgenau Ihre Frage. Zum einen hat der große Arztpädagoge Dr. Janusz Korczak den Satz geprägt: „Du kannst den anderen nur soweit bringen, wie du selbst gekommen bist." Zum anderen gibt es die Erkenntnis: „Wer aufhört, besser sein zu wollen, hört auf, gut zu sein." Und schließlich hat uns der große Kommunikationspsychologe, Prof. Dr. Paul Watzlawick, mit seinem 1. Axiom darauf aufmerksam gemacht, dass der Mensch nicht nicht kommunizieren kann. Das heißt, dass jede elementarpädagogische Fachkraft durch ihre ganz besondere Kommunikationsgestaltung einen nachdrücklichen Einfluss auf das Verhalten von Kindern hat. Es sind eben nicht nur die Eltern(-teile), die die Persönlichkeit eines Kindes prägen, sondern auch Erzieher/-innen, die Tag für Tag mit Kindern umgehen (vgl.: Resilienzforschung). Insofern besitzen auch elementarpädagogische Fachkräfte einen sogenannten persönlichkeitsbildenden Eindruckswert auf Kinder. Dieser Tatsache müssen sich alle Fachkräfte bewusst sein und folgerichtig ihre **Identität reflektieren,** ausgerichtet auf die Frage: Inwiefern sind meine Verhaltensweisen, meine eigenen Persönlichkeitsmerkmale entwicklungsförderlich (oder entwicklungshinderlich) für Kinder und was trage ich durch meine Persönlichkeit, mein Verhalten und meine Arbeitsgestaltung konkret dazu bei, dass Kinder nachhaltige(!) persönlichkeitsbildende Verhaltensmerkmale aufbauen/stabilisieren können, die ihnen zur Selbstständigkeit, Autonomie und zu einer sozial verantwortlichen Lebensgestaltung verhelfen. Schon Pestalozzi hat einmal gesagt: „Erziehung ist Liebe und Vorbild. Sonst nichts."

(MW): Welche Bandbreite an Haltungen bei Pädagoginnen und Pädagogen erleben Sie in der Praxis und in Ihren Fortbildungen?

(AK): Die Bandbreite ist ebenso weit wie in allen anderen Berufen. Es gibt elementarpädagogische Fachkräfte, die sich engagiert, wahrnehmungsoffen, lernfreudig, selbsterfahrungsorientiert und anstrengungsbereit den vielfältigen Aufgaben der Elementarpädagogik zuwenden und immer wieder ihr berufliches Selbstverständnis sowie ihre Arbeit selbstkritisch reflektieren. Dann gibt es Erzieher/-innen, die bei einmal gefundenen „Wahrheiten" bleiben und starr ihren „Dienst am Kind" erfüllen. Getreu dem Motto: „Was ich einmal gelernt habe, reicht mir aus." Eine solche Haltung ist selbstverständlich kontraproduktiv und widerspricht allen Qualitätsansprüchen. Schließlich gibt es Erzieher/-innen, die ausgebrannt und resigniert ihren Alltag mit Kindern „abreißen" und ihre Konzentration auf ihr Privatleben ausrichten.

(MW): Welche Vorbilder haben Erzieherinnen und Erzieher, die Sie kennenlernen? Welche Vorbilder haben Sie im Kopf?

(AK): Natürlich ist es schwer, an dieser Stelle Vermutungen zu äußern, welche „Vorbilder" elementarpädagogische Fachkräfte in ihren Köpfen tragen. Aus vielfältigen Gesprächen kann ich aber sagen, dass es kaum noch „Personen als Vorbilder in der Pädagogik" gibt – angefangen mit Mollenhauer, Liegle, Flitner oder Adorno, Roth oder Buber, Litt, Makarenko, Diesterweg oder Fichte, Rousseau, Kant, Herder oder Pestalozzi. Das mag mit Sicherheit daran liegen, dass viele große Pädagogen heute nicht mehr in Ausbildungsgängen thematisiert werden. Demgegenüber gibt es aber andere „Vorbilder" – Bildungspläne, Richtlinien, pädagogische Standardprogramme oder „neue Heilsbringer" wie Lerntagebücher oder Portfolios, Forschungsprojekte, pädagogische Richtungskonzepte oder bildungspolitische Strömungsdogmata. Für mich gab und gibt es in der Pädagogik hauptsächlich zwei Vorbilder aus der Neuzeit: Dr. Janusz Korczak, den großen polnischen Arztpädagogen, der 1942 mit seinen Waisenhauskindern von den Nazis vergast wurde und Dr. Emmi Pikler. Beide haben immer wieder in wunderbarer Art und Weise

verdeutlicht, was es heißt, einen respektvollen, werteorientierten Umgang mit Kindern im Alltag zu pflegen.

(MW): Wie können sich pädagogische Fachkräfte in der Praxis ihrer Professionalität und Identität bewusst werden und diese weiter ausbauen?

(AK): Die drei „Zauberworte" auf Ihre Frage lauten immer wieder 1.**Selbsterfahrung**, 2. **Reflexion durch Supervision** und 3. **qualitätsorientierte, personzentrierte Fort- und Weiterbildung.** Professionalität und Identität wollen ständig überprüft, erweitert, verändert und weiterentwickelt werden. Stillstand bedeutet Rückschritt – gerade in persönlichkeitsorientierten Berufen. Ergebnisse aus den Feldern der Entwicklungspsychologie, der Bildungs-, Bindungs- und Hirnforschung konfrontieren uns immer wieder mit neuen Tatsachen und fordern dadurch auf, die eigenen Sichtweisen und Annahmen zu hinterfragen bzw. bisherige Arbeitsschritte und Vorhaben weiter zu qualifizieren. Es ist die ständige Erweiterung des eigenen Wissens mit aktuellen Erkenntnissen und der ständige Austausch mit anderen Personen, der den Ausbau der Professionalisierung voranbringt und die eigene Identität immer stabiler werden lässt. Elementarpädagogische Fachkräfte brauchen eine rundherum fehlerfreundliche Einstellung zu sich und ihrer Tätigkeit, um die Stärken zu stärken und kontinuierlich die Schwächen Stück für Stück weiter zu schwächen.

(MW): Welchen Beitrag kann die Aus- und Weiterbildung zu einer professionellen, identitätsbewussten Haltung leisten? Was muss in den Fokus von Lernangeboten rücken?

(AK): Einen durchaus hohen Beitrag! Allerdings nur unter der Prämisse, wenn Aus-, Fort- und Weiterbildungsangebote drei Grundsatzmerkmale erfüllen. Zum einen geht es um die Aktualität der Informationen aus den Bereichen der Neurobiologie, der Bildungs- und Bindungsforschung sowie den vielfältigen Aspekten der Entwicklungspsychologie. Zum anderen geht es immer stärker um eine

vernetzte Betrachtung von Ergebnissen, wobei keine Disziplin auf ihrem „Alleinvertretungsrecht" beharren darf. **Interdisziplinäre Betrachtungen** sind angesagt und sorgen letztlich auch nur für eine vielzitierte „ganzheitliche Sichtweise" der Dinge. Und schließlich muss das „Thema" mit der lernenden Person in einer sehr engen Beziehung stehen, weil Themen nie personunabhängig/funktional wirksam werden können. Es ist ein dringendes Erfordernis, dass Aus-, Fort-, und Weiterbildungsangebote/-träger den Faktor der „Persönlichkeitsentwicklung" in den Fokus setzen und zu allen Inhalten(!) entsprechende Vernetzungen auf-/einbauen.

(MW): Wie beurteilen Sie die Forderung nach Akademisierung der frühpädagogischen Berufe in Hinsicht auf Professionalität und Identität?

(AK): Dies ist ja inzwischen – Gott sei Dank – nicht nur eine Forderung, sondern eine schon vielfach umgesetzte Realität. Wenn sich die Elementarpädagogik als eigenständige Forschungsdisziplin durchsetzen und behaupten will und muss, dann kommt sie auch nicht um eine Akademisierung herum. Warum sollte sie auch? In einigen europäischen Ländern – beispielsweise Italien, Finnland, Schweden, den Niederlanden ... – ist die Akademisierung der frühpädagogischen Berufe schon seit Jahren eine Realität. Da gerade die Frühpädagogik eine nicht zu unterschätzende Auswirkung auf die nachhaltige Entwicklung des Menschen besitzt, ergibt sich von selbst die Forderung, dass alles nur mögliche unternommen werden muss, um elementarpädagogische Fachkräfte optimal aus- und fortzubilden. Und dazu trägt die Akademisierung entscheidend bei. Allerdings auch nur dann, wenn neben einer akademisch hochwertigen Aus- und Fortbildung auch gleichzeitig der Persönlichkeitsbildung Rechnung getragen wird. Das eine ohne das andere hat in der Pädagogik keinen Wert. Im Gegenteil – würde der 2. Aspekt (Identitätsentwicklung durch Persönlichkeitsbildung) außer acht gelassen werden, würde

die aber u. U. nicht in der Lage wären, den Kindern, Eltern und künftigen Kollegen und Kolleginnen beziehungsstarke Bindungs- bzw. entwicklungsförderliche Kommunikationsangebote zu machen.

(MW): Welche Rolle spielen geschlechtliche Unterschiede bei der Professionalität und Identität, wenn zum Beispiel gefordert wird, mehr Männer in Kitas zu holen?

(AK): Ohne Frage brauchen Kinder – auch in der Pädagogik – Männer und Frauen, um unterschiedliche Erfahrungen zu sammeln, andere Perspektiven einnehmen zu können und gleichzeitig den eigenen Handlungsspielraum gedanklich sowie motorisch zu erweitern. Ethnologische Untersuchungsergebnisse und Betrachtungen weisen uns auf Unterschiede hin – diese zu leugnen oder gar dogmatisch zu negieren würde jeder Sachauseinandersetzung fremd sein. **Es müssen mehr Männer in die Kitas** – ebenso in die Grundschulen, damit gerade Jungen in einer zunehmenden, immer stärker werdenden „weiblichen Pädagogik" Alternativen kennenlernen können.

(MW): Sollten Ihrer Meinung nach gar Eignungstests als Zugangsvoraussetzung für die Aufnahme in eine frühpädagogische Ausbildung oder den Beruf durchgeführt werden? Anders gefragt: Welche Fragen sollte sich jemand stellen, der sich für den Beruf der pädagogischen Fachkraft entscheidet?

(AK): Eignungstests könnten ein Lösungsschritt (aber nur neben anderen!) sein, um anhand bestimmter Qualitätskriterien von Anfang an sicher zu stellen, dass die Elementarpädagogik Persönlichkeiten braucht und findet, die entwicklungsfreudig, lernaktiv, belastbar, anstrengungsbereit, neugierig, vom Grundsatz her selbstbewusst, innovativ denkend, fantasievoll oder quer denkend, zivilcouragiert und selbstreflexiv sind. Darüber hinaus müssten Vorpraktika – unter Supervision – abgeleistet werden, um bereits vor einer Ausbildung oder einer längerfristigen Weiterbildung den künftigen Studierenden

die Möglichkeit zu geben, ihr künftiges Berufsfeld etwas kennenzulernen und gleichzeitig erste Erfahrungen mit notwendigen Anforderungen zu machen. **Künftige Fachkräfte sollten sich beispielsweise folgende Fragen stellen:** Bin ich bereit,

- mich immer wieder als Lernende(r) zu verstehen, meine eigene Biografie kritisch zu betrachten und Persönlichkeitsentwicklung auf mich zu nehmen?
- mich engagiert und neugierig, lernfreudig und innovativ auf einen Beruf einzulassen, in dem es darum geht, persönliche Haltungen, Sichtweisen und Lebensgrundsätze zu hinterfragen?
- neben einem sehr anstrengenden Arbeitsalltag Fort- und Weiterbildungsangebote wahrzunehmen und mein Wissen durch das permanente Lesen von Fachliteratur immer wieder auf einen aktuellen Stand zu bringen?
- Belastungen auf mich zu nehmen, indem ich mich beispielsweise mit unterschiedlichen Erwartungen von außen auseinandersetze, und an einem eigenständigen, unverwechselbaren Persönlichkeits- und Arbeitsprofil zu arbeiten?
- die Elementarpädagogik durch persönliches Engagement und fachlich abgesicherte Arbeitsvorhaben nach vorn zu bringen und daran mitzuarbeiten, dass die Elementarpädagogik immer stärker ein eigenes Profil – in Abgrenzung von anderen pädagogischen Disziplinen – entwickeln wird?

Das Berufsbild „Erzieher/-in“ – anspruchsvoll und ausdrucksstark

Vorwort

Jeder Beruf, der in Deutschland staatlich anerkannt ist, besitzt bekannterweise eine sogenannte **Berufsrolle.** In ihr wird die Berufsbezeichnung erläutert und das Arbeitsfeld umrissen, sodass die berufliche Tätigkeit – bildlich ausgedrückt – ein Gesicht erhält. Fachlich gesprochen könnte man sagen: Der Beruf erhält in seiner Einmaligkeit ein unverwechselbares Profil. In diesem Zusammenhang ist es sehr hilfreich und zugleich sehr aufschlussreich, sich auch einmal mit dem **„Berufsbild der Erzieher/-innen"** zu befassen. Es ist verwunderlich, dass viele Erzieher/-innen ihr eigenes Berufsbild nicht kennen!

Ausgangspunkt: Berufsbild

Vor über einem Vierteljahrhundert hat schon der „Bundesverband Evangelischer Erzieher/-innen und Sozialpädagogen/Sozialpädagoginnen e.V." (Erstfassung1980; leicht veränderte Fassung 1994) *erstmals* ein professionell verfasstes „Berufsbild Erzieher/-in" erstellt, das nicht nur seiner damaligen Zeit weit voraus war, sondern auch noch in den heutigen Jahren als eine bedeutsame Grundlage für ein professionelles Berufsverständnis angesehen werden kann bzw. betrachtet werden muss. Es besitzt bis in die heutige Zeit eine uneingeschränkte Gültigkeit und wurde auch von anderen Bundesverbänden als Leitbild akzeptiert. Dabei darf und sollte es keine Rolle spielen, dass das „Berufsbild Erzieher/-in" von einem kirchlich geprägten Bundesverband erstellt wurde und nicht von einer religionsunabhängigen Vereinigung erarbeitet worden ist, weil die inhaltlichen Aussagen „punktgenau den Nagel auf den Kopf" treffen. So heißt es im ersten Teil der „allgemeinen Merkmale des Erzieher/-innenberufs" unter den Stichworten „Erwartungen" und „Erziehungsauftrag":

> *„Das pädagogische Handeln (1) der Erzieher/-innen geschieht im Spannungsfeld (2) vielfältiger, oft widersprüchlicher Erwartungen (3),*

die von Kindern, Eltern, Träger und der Allgemeinheit an Erzieher/-innen herangetragen werden. Erzieher/-innen verstehen sich dabei in erster Linie als Partner/-innen des Kindes und Jugendlichen (4) und Anwalt ihrer Interessen (5). Erzieher/-innen treten insbesondere für die Erhaltung und Verbesserung der Lebensbedingungen von Kindern und Jugendlichen (6) aller Schichten, Nationen und Religionen ein (7). Von diesem Standpunkt aus müssen sie ständig neu die Berechtigung der Ansprüche prüfen (8), die an sie gestellt werden. Erzieher/-innen treffen ihre Entscheidungen (9) für ihr erzieherisches Handeln (10) auf der Grundlage einer kritischen Auseinandersetzung (11) sowohl mit den pädagogischen Traditionen (12) als auch mit neuen, wissenschaftlichen Erkenntnissen (13) und bildungspolitischen Strömungen (14). Das pädagogische Handeln der Erzieher/-innen hat die Förderung der Gesamtpersönlichkeit des Kindes und Jugendlichen zum Ziel (15) und geht damit über eine bloße Bewahrung oder die Schulung einzelner Fertigkeiten hinaus (16). Erzieher/-innen berücksichtigen die Bedürfnisse der Kinder und Jugendlichen (17), ihre Lebenssituation (18) und die Entwicklungsaufgaben der jeweiligen Altersstufe (19/…/).“

(Anmerkung: Die Nummerierung hinter den einzelnen Satzteilen stammt vom Autor dieses Beitrages und wurde zur zielgerichteten Betrachtung im folgenden Teil eingesetzt.)

Pädagogik verlangt ein pädagogisches Alltagshandeln

zu 1) Wenn in diesem Berufsbild grundsätzlich von einem „pädagogischen Handeln“ in der Praxis die Rede ist, wird deutlich, dass es zuallererst um eine qualitätsgeprägte Arbeit in (sozial-) pädagogischen Einrichtungen geht. Pädagogisches Handeln umfasst weitaus *mehr* als nur die Begriffe wie beispielsweise „Vermittlung von Nähe und Zuneigung“, „Entgegenbringen von Aufmerksamkeit für das einzelne Kind“, „Dasein für das Kind, wenn es mich braucht“ oder „persönliche Schwerpunktsetzung in der Arbeit“. Ohne Frage sind humane Verhaltensweisen wie „Wertschätzung, Achtung, Respekt, Nähe, Vertrauen und Liebe“ für eine gute Bindung zwischen Erzieher/-innen und Kindern/Jugendlichen unverzichtbar, lassen sie doch letztendlich erst eine beziehungsorientierte Pädagogik zu. Gleichzeitig müssen aber auch die (sozial-)pädagogischen Fachkräfte wissen, dass es nicht darum geht, eine „Pädagogik aus dem Bauch heraus“ zu gestalten, eigene Vorlieben zum Ausgangspunkt der Arbeit zu erklären oder persönliche Abneigungen z. B. in einer didaktischen Schwerpunktsetzung zu pflegen. **Das gesamte Handeln hat sich damit einer pädagogischen Zielsetzung, Begründung, Planung, Durchführung und Auswertung unterzuordnen.**

Pädagogik ist immer ein Spannungsfeld

zu 2) Wenn im Berufsbild gleich zu Anfang von einem „Spannungsfeld“ gesprochen wird, so ist dies zunächst eine elementare Aussage. Pädagogik ist per se ein Knotenpunkt vielfältiger Interessen und lebt(-e) schon immer aus Widersprüchen, Ungereimtheiten, unterschiedlichen „Wahrheiten“, gegensätzlichen pädagogischen Ansätzen und konträr zueinander stehenden Anforderungen. Insofern ist der Wunsch nach „Ruhe in der Arbeit und allseitigem Verständnis für die geleistete Tätigkeit“ eine irreale Traumvorstellung. Wer sich auf das weite „Erfahrungsfeld Pädagogik“ als Erzieher/-in einlässt, hat deutlich und ständig damit zu rechnen, dass die realisierte Pädagogik hinterfragt und kritisiert wird bzw. durch entsprechende Erwartungen von Eltern, dem Träger, der Landes- oder Bundespolitik, den Fachberater/-innen, der Grundschule oder anderen Institutionen verändert werden soll. Dadurch, dass das **„Spannungsfeld Pädagogik“** eine unumstößliche Realität ist, ergeben sich vor allem zwei Konsequenzen. Zum einen wäre es per se müßig und überflüssig, über den „Stress“ in der pädagogischen Einrichtung zu klagen, zum anderen kann gemutmaßt werden, dass dort, wo es keine Spannungen zu geben scheint, wahrscheinlich der Qualitätsanspruch entweder gar keine Beachtung findet oder nur sehr oberflächlich wahrgenommen und umgesetzt wird.

Pädagogik steckt in vielfältigen Erwartungen

zu 3) Die Erwartungen und Ansprüche – gerade und vor allem an die Elementarpädagogik – sind tatsächlich vielfältig und bei genauerer Betrachtung auch sehr widersprüchlich. Auf der einen Seite gibt es Eltern, die voller Ungeduld darauf warten, dass ihr Kind möglichst frühzeitig auf die Schulzeit vorbereitet wird, auf der anderen Seite gibt es Eltern, die vehement dafür eintreten, dass ihr Kind ausgiebig und viel spielen kann. Auf der einen Seite gibt es Eltern, die dafür plädieren, dass der eigenständige Entwicklungszeitraum „Kindheit" wertgeschätzt wird, auf der anderen Seite sind bestimmte Eltern nur dann mit der Kindergartenarbeit zufrieden, wenn ihr Kind möglichst jeden Tag ein nahezu perfektes Produkt aus dem Kindergarten mit nach Hause bringt. Auf der einen Seite wollen viele Eltern möglichst regelmäßig und umfassend über die Entwicklungsschritte ihres Kindes informiert werden, auf der anderen Seite gibt es Eltern, die froh darüber sind, wenn sie möglichst weder zur Mitarbeit im Kindergarten gebeten noch auf Informations- oder Elternabende angesprochen werden. Dann gibt es die Erwartungen des Trägers, dass der Kindergarten „gut laufen" soll, Eltern möglichst keinen Grund für Beschwerden haben, die Arbeit selbst möglichst kostenneutral gestaltet werden soll, Mitarbeiter/-innen verstärkt im Gemeindeleben oder in der Stadtteilarbeit aktiv werden könnten, offensive, berufspolitische Aktivitäten zu unterlassen seien, der Kindergarten auch nach außen hin ein „gutes Bild" abzugeben habe, die Mitarbeiter/-innen Loyalität gegenüber dem Träger zu zeigen haben und sie gleichzeitig Verständnis für die finanziellen Einschneidungen und ungeliebten Personalkürzungen zeigen sollten. Schließlich folgen Ansprüche aus dem Qualitätsmanagement, den Bildungsrichtlinien, neuen wissenschaftlichen Erkenntnissen (Beispiele: Resilienz und Bindungsforschung), die sich mit weiteren Erwartungen der Kinder und des Kollegiums zu einem nahezu unüberschaubaren Erwartungsgeflecht aufbauen.

Erzieher/-innen sind primär Bündnispartner/-innen der Kinder

zu 4) Erzieher/-innen verstehen sich in erster Linie als „Partner/-innen von Kindern und Jugendlichen" – welch eine gewichtige Aussage. Kinder hatten und haben in der Realität dieser Gesellschaft nur eine bedingt existente Lobby, die es vermag, z.B. die in der UN-Charta „Rechte des Kindes" verbrieften und von der Bundesregierung ratifizierten Kinderrechte zur Praxis werden zu lassen. Auch wenn es einen „Deutschen Kinderrat", die „Kinderkommission im Deutschen Bundestag", die „Rechte des Kindes nach der Charta der Vereinten Nationen" oder „Kinderbeauftragte" in manchen Bundesländern, Kommunen und Städten gibt. Partner/-innen von Kindern fühlen sich sowohl diesen Kinderrechten als auch den bedeutsamen Erkenntnissen aus dem weiten Feld der Entwicklungspsychologie verpflichtet, damit Kinder und Jugendliche zu ihren Entwicklungsrechten kommen.

Erzieher/-innen haben kinderanwaltliche Aufgaben

zu 5) Anwälte von Kindern, die deren Interessen vertreten, haben eine Reihe unterschiedlicher Aufgaben:

- Sie legen Missstände, die ihnen Kinder durch ihre Verhaltensweisen, Berichte oder andere Ausdrucksformen anvertrauen oder demonstrieren, offen und versuchen dafür, aktiv und offensiv Sorge zu tragen, dass es den Kindern sowohl körperlich, intellektuell als auch emotional besser gehen kann.

- Sie verstehen Verhaltensirritationen von Kindern und Jugendlichen als ein für sie zurzeit „notwendiges Signal- und Problemlöseverhalten". Sie tragen nicht durch funktionalisierte, isolierte pädagogische oder therapeutische Maßnahmen dazu bei, dass Auslöser und Gründe für Verhaltensirritationen bestehen bleiben. Vielmehr versuchen sie, professionell und kompetent „das Übel an der Wurzel zu packen".

- Sie machen Kinder mit ihren unterschiedlichen Lebenssituationen zum Ausgangspunkt der Arbeit und verzichten damit bewusst auf eigene oder externe Leitideen für die pädagogische Arbeit, von denen sie annehmen, dass Kinder sich damit auseinandersetzen sollten.

- Sie sorgen auch innerhalb des Kollegiums für eine Gesamtatmosphäre, damit Kinder sich in *ihrer* Einrichtung wohlfühlen, angenommen und verstanden fühlen.

- Sie beziehen schließlich in der Öffentlichkeit Stellung – sowohl durch eine politische Gremienarbeit als auch durch berufspolitische Aktivitäten, durch eine offensive, fachlich geprägte Öffentlichkeitsarbeit in der Zusammenarbeit mit Schul- und Kinderärzten, Schulpädagogen, anderen Fachdiensten und durch eine fachkompetente Medienarbeit.

Pädagogik ist immer eine innen- und außenorientierte Arbeit

zu 6) Ein Eintreten für die Erhaltung und Verbesserung der Lebensbedingungen von Kindern und Jugendlichen setzt zunächst einmal voraus, dass Mitarbeiter/-innen diese überhaupt wirklich kennen. Hausbesuche, ein gegenseitiges Kennenlernen, die Pflege einer regelmäßigen Kommunikationskultur sowie eine Ist-Analyse der realen Lebensbedingungen der Kinder/Jugendlichen und ihrer Familien(-teile) lassen den folgenden Satz wieder inhaltlich bedeutsam werden: „Wir holen das Kind dort ab, wo und wie es lebt."

Pädagogik ist grundsätzlich inklusiv

zu 7) In einer multikulturellen Gesellschaft wie Deutschland ist es sinnvoll und daher unumgänglich, andere Kulturen, Religionen sowie Kinder und deren Eltern als gleichwertige Teile einer humanistisch geprägten Gesellschaft zu akzeptieren und **alles dafür zu tun, dass der Inklusionsprozess aktiv vorangetrieben wird.** In einer Zeit, in der es immer wieder zu Ausgrenzungen anderer Menschen kommt und eine Abnahme an sozialer Integrität festzustellen ist, gehört es auch zur Auseinandersetzung mit dem Berufsbild, deutliche Standpunkte gegen jedwede Ausgrenzung anderer Menschen zu beziehen.

Pädagogik ist immer aktuell auszurichten

zu 8) Eine Überprüfung der Berechtigung der vielfältigen Ansprüche ist Aufgabe und zugleich eine professionell geprägte Selbstverständlichkeit. Ansprüche ergeben sich aus vielerlei Wünschen, Zielen, Erwartungen, Hoffnungen und Notwendigkeiten. Wenn Ansprüche daher stets qualitätsorientiert betrachtet werden (müssen), stellt sich schnell heraus, welche Ansprüche berechtigt sind und welche nicht.

Erzieher/-innen haben Entscheidungen zu treffen

zu 9) Als Bündnispartner/-innen und Anwälte und Anwältinnen von Kindern und Jugendlichen treffen dann die Fachkräfte ihre Entscheidung, welche Pädagogik zu vertreten ist und welche Schwerpunkte daher in der Arbeit ihren praktischen Niederschlag finden werden. Daher kommt der **Fähigkeit zur Entscheidungskompetenz** der (sozial-)pädagogischen Fachkräfte eine außergewöhnlich große Bedeutung zu.

Pädagogik verlangt, persönliche Wünsche auch zurückstellen zu können

zu 10) Das pädagogische Handeln bildet die Grundlage der gesamten Tätigkeit. Damit ist der Umsetzung persönlich bevorzugter Schwerpunkte ein deutlicher Riegel vorgesetzt. Hier geht es um ein Ausloten von Möglichkeiten und Grenzen, Vorgaben und Freiheiten, Selbstbestimmung und Fremdorientierung.

Pädagogik verlangt Kritikfähigkeit und kritisches Sachhandeln

zu 11) Mitarbeiter/-innen suchen und pflegen gleichzeitig selbstmotiviert, neugierig und engagiert die kritische Auseinandersetzung mit sich selbst und anderen. Dazu gehören unterschiedliche Methoden einer Diskussionsführung, vielfältiges Wissen um rhetorische Möglichkeiten und vor allem eine fachliche Standfestigkeit in der sorgsamen Beurteilung von Anforderungen und Situationen. **Auseinandersetzungen sind als vielfältige Chancen zu begreifen, Wirklichkeiten zu verändern.**

Pädagogik ist innovativ

zu 12) Pädagogische Traditionen gibt es viele – von festen Schlafenszeiten, festen Frühstückszeiten, festgelegten Tagesrhythmen über Morgen- und Abschlusskreise bis hin zum Feiern bestimmter Feste. Ohne ihnen per se eine grundsätzliche Berechtigung abzusprechen ist es aber hilfreich, den Kindergartenalltag immer wieder daraufhin zu überprüfen, ob bestimmte pädagogische Traditionen ihre Bedeutung verloren haben oder sogar wieder eingeführt werden sollten. **Die Frage hat dabei im Vordergrund zu stehen, ob und welche pädagogischen Traditionen einen Wert für die Entwicklung von Kindern besitzen und welche ihren Wert eingebüßt haben.**

Wissen bewirkt Fachkompetenz

zu 13) Die kritische Auseinandersetzung mit wissenschaftlichen Erkenntnissen prägt die Fachkompetenz der Erzieher/-innen. Die **Akzeptanz und Übernahme bedeutsamer wissenschaftlicher Erkenntnisse** bildet die Grundlage für abgesicherte Entscheidungen, um eine fundierte und qualitätsgeprägte Pädagogik zu ermöglichen.

Modernistische Tendenzen bedürfen stets einer Überprüfung

zu 14) Bildungspolitische Strömungen haben einerseits ihr Gutes, andererseits bergen sie aber auch Gefahren in sich. Ihre Vorteile liegen darin, dass sie dazu beitragen, tradierte Wege in Frage zu stellen. Sie rütteln auf, schaffen Unruhe und sorgen für Spannungen. Ihre Nachteile liegen darin, dass Menschen mit einer geringen Identität und einer eingeschränkten Professionalität zu schnell auf jeden „zeitaktuellen Zug" aufspringen, ohne selbst- und fachkritisch den **Berechtigungswert** dieser bildungspolitischen Strömung sorgsam zu überprüfen. Erinnert sei in diesem Zusammenhang an den allseits bekannten Satz aus der Pädagogischen Psychologie: „Wer nach allen Seiten offen ist, der kann nicht ganz dicht sein."

Kinder lernen ganzheitlich

zu 15) Wenn die „Förderung der Gesamtpersönlichkeit eines jeden Kindes/Jugendlichen" im Vordergrund steht, verbieten sich von selbst sogenannte teilisolierte Förderprogramme oder Teilfunktionsübungen wie sie in vielen Einrichtungen zu beobachten sind. Ihre nachhaltige Ineffizienz wurde in vielen Untersuchungen deutlich bestätigt.

Fähigkeiten bilden die Grundlage für Fertigkeiten

zu 16) Eine „Schulung einzelner Fähigkeiten" lässt Sinnzusammenhänge außer Acht. Da bekannt ist, dass beispielsweise Sprachentwicklung und Motorik, Aggression und das Primärgefühl der Angst, Überforderungen und psychosomatische Auffälligkeiten, Trauer und Anspannung eng miteinander verknüpft sind, würde die „Schulung einzelner Fähigkeiten" die enge Vernetzung der unterschiedlichen Entwicklungsbereiche aufheben und ggf. damit neue Irritationen provozieren.

Pädagogik sättigt kindliche Grundbedürfnisse

zu 17) In einer qualitätsgeprägten Pädagogik werden **seelisch-körperliche Grundbedürfnisse und aktuelle Interessenslagen der Kinder und Jugendlichen** zum Ausgangspunkt einer Pädagogik erklärt. Dabei geht es also weniger um außenorientierte Arbeits- und Schwerpunktimpulse als vielmehr um personorientierte Notwendigkeiten und die besondere Motivationslage der Kinder und Jugendlichen.

Pädagogik richtet sich nach realen Lebenssituationen

zu 18) Lebenssituationen als Ausgangswerte einer kindorientierten Pädagogik richten sich auf Realitäten, in denen Kinder und Jugendliche groß werden, mit denen sie konfrontiert sind, mit denen sie sich auseinandersetzen (müssen) und die sie sowohl entwicklungsförderlich als auch entwicklungshinderlich in ihrer Persönlichkeit prägen (können).

Pädagogik bewahrt „Kindheiten"

zu 19) Wenn in der Pädagogik Entwicklungsaufgaben der jeweiligen Altersstufen zu berücksichtigen sind, dann heißt dies vor allem, das bedeutsame Feld der Entwicklungspsychologie zu beachten und als eine fachliche Orientierungshilfe zu verstehen.

Konsequenzen, die sich aus dem Berufsbild ergeben

Eine **regelmäßige Auseinandersetzung mit dem eigenen Berufsbild** verlangt von Erzieher/-innen, sich mit der eigenen Berufsrolle zu beschäftigen, Widersprüche zwischen Anspruch und Wirklichkeit zu entdecken, eigene Handlungsmuster zu erkennen und ggf. zu verändern, bisherige Arbeitsweisen und -schwerpunkte infrage zu stellen, neue fachliche und persönliche Herausforderungen als Entwicklungschancen zu begreifen, Identitätskrisen zuzulassen und neue Wege aus einer aktuellen Problemlage zu entdecken und auszuprobieren, handlungsleitende Werte zu überprüfen sowie Handlungsperspektiven engagiert umzusetzen.

Literatur

Hartmann, Martin/Röpnack, Rainer + Funk, Rüdiger (2005): Kompetent und erfolgreich im Beruf. Wichtige Schlüsselqualifikationen, die jeder braucht. Weinheim: Beltz Verlag

Krenz, Armin (Hrsg.) (2007/Nachdruck 2009): Psychologie für Erzieherinnen und Erzieher. Grundlagen für die Praxis. Mannheim: Cornelsen Verlag Scriptor

Martin, Richard + Schuster, Ottilia (2005): Survivalstrategien für Beruf und Alltag. Überleben im Veränderungsdschungel. Weinheim: Beltz Verlag

Konzeptionsentwicklung: Grundlage für eine Innen- und Außenqualität

Einleitung: Die Elementarpädagogik ist in Bewegung

Die Elementarpädagogik ist in den letzten 20 Jahren wie kaum ein anderer Wissenschaftszweig in Unruhe versetzt worden. War es in den 90er-Jahren vor allem die **Qualitätsentwicklung,** die sich erstmals in der Frühpädagogik konsequent bis heute immer mehr durchsetzte, so waren es einige Jahre später **die bahnbrechenden Erkenntnisse der Hirn-, Bildungs- und Bindungsforschung,** die für die Elementarpädagogik immer mehr in den Vordergrund rückten. Dann forderten die **länderspezifischen Bildungskonzepte, Orientierungspläne und Bildungsprogramme** die ganze Aufmerksamkeit der elementarpädagogischen Fachkräfte und weitere Neuerungen kamen ins Gespräch: eine bilinguale Pädagogik, Dokumentation von Lerngeschichten, Portfolios, Veränderung klassischer Kindertagesstätten in Familienzentren etc. Damit wird eines deutlich: Die Elementarpädagogik war und ist **in einem ständigen Entwicklungsprozess.** Insofern fühl(t)en sich landauf, landab ungezählte Kindertageseinrichtungen dazu aufgefordert, bisherige Sichtweisen, Standpunkte und Gewohnheiten zu hinterfragen und aufgrund neuer Erkenntnisse bzw. Notwendigkeiten zu verändern.

Zielbestimmungen geben die Richtung für Konzepte, Konzeptionen und die Praxis der gesamten Pädagogik vor

Es gibt eine altbekannte Weisheit in der Lernzieltaxonomie, die lautet: „Wer nicht weiß, wohin er will, darf sich nicht wundern, dort zu landen, wohin er in keinem Fall wollte." Übertragen auf die Elementarpädagogik bedeutet(e) dies, dass es jederzeit notwendig war/ist, für das gesamte Arbeitsfeld und die damit verbundenen Arbeitsbereiche eine Bestandsaufnahme vorzunehmen (**Ist-Analyse**), um die Ergebnisse mit den sogenannten **Soll-Vorhaben** zu vergleichen. Der besondere Sinn liegt vor allem darin, **eigene Standpunkte selbstkritisch zu hinterfragen** und immer wieder festzustellen, inwieweit die bisherigen Arbeitsmerkmale den aktuellen Notwendigkeiten einer bildungsorientierten und zugleich bindungsstarken Elementarpädagogik sowie den gültigen Verpflichtungen entsprechen. Des Weiteren hilft es, immer wieder eine Grundlagenorientierung herzustellen, um nicht unreflektiert modernistischen Strömungen zu folgen oder persönliche, subjektiv geprägte Vorlieben/Abneigungen zum Ausgangspunkt der realisierten Pädagogik zu erklären. Mit einer solchen Qualitätsevaluation ergibt sich die GRUNDLAGE für das besondere PÄDAGOGISCHE KONZEPT der Einrichtung. Sie wird später wie eine **Richtschnur** die Ausrichtung des pädagogischen und berufspolitischen (Selbst-)Verständnisses sowie die pädagogische Orientierung vorgeben.

Eine Bestandsaufnahme verfolgt zunächst die folgenden neun Ziele:

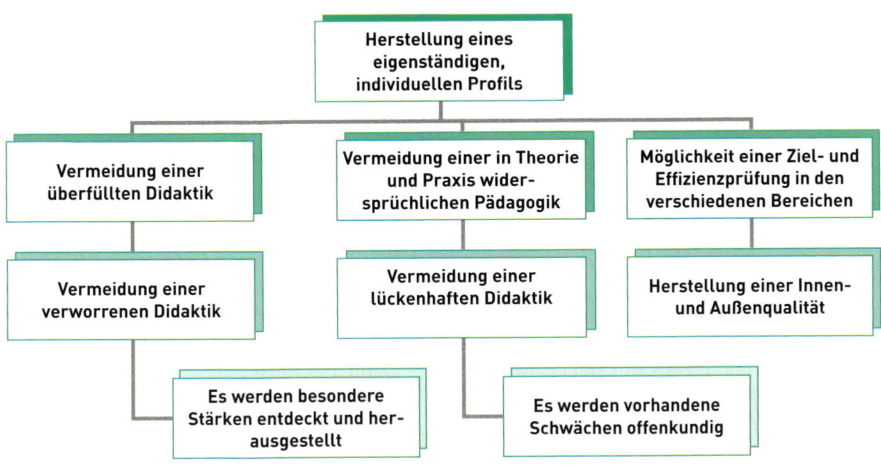

(Abb. 1: Ziele einer Bestandsaufnahme zur Herstellung/Verbesserung/Aufrechterhaltung einer Qualität und zur Festlegung konzeptioneller Eckwerte)

Um diesen Zielen möglichst nahezukommen, bietet es sich an, folgenden Fragen nachzugehen:

entschieden? Warum? Welche Qualitätsinstrumentarien werden abgelehnt? Aus welchen Gründen?

- Welche **Arbeitsschwerpunkte** wurden bisher gezielt bearbeitet, mit welchem Ergebnis und welche Bereiche stehen als Nächste zur Bearbeitung an? Gibt es ein Qualitätshandbuch?
- Was hat die **Qualitätsevaluation** bisher an praktischen Veränderungen mit sich gebracht?

Der Aufwand für eine Bearbeitung dieser und entsprechend weiterführender Fragen ist der Mühe immer wert. Neben inhaltlichen **Grundlagenklärungen** entsteht ein **professionelles Verständnis** für eine qualitätsgeprägte Pädagogik sowie eine gemeinsame **Einrichtungsidentität.** Dies ist die wohl wichtigste Basis für einen gelingenden Alltag. Die Mitarbeiter/-innen der Kindertagesstätten bemerken dann selbst – wenn Grundlagen neu definiert/besprochen, Ziele neu/punktgenau angesteuert, Strukturen neu geordnet, Arbeitsvorhaben neu/kompetent entworfen und Arbeitsvorgänge neu aufgebaut/durchgeführt werden –, wie sich das **eigenständige und unverwechselbare Profil dieser Einrichtung** immer stärker herausbildet.

Insgesamt geht es bei einer Konzeptfindung, -erörterung, -festlegung immer um die folgenden Schwerpunktbereiche:

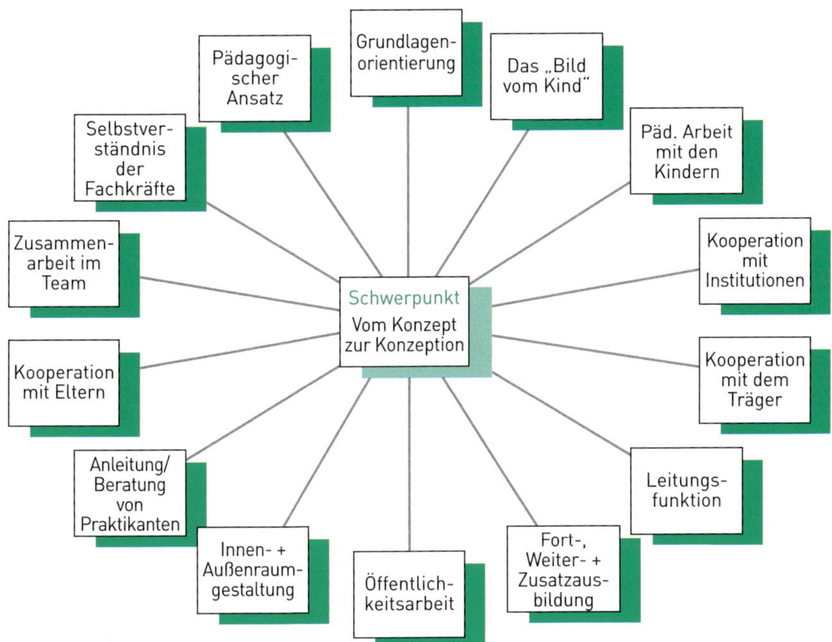

(Abb. 2: Die 14 Schwerpunkte zur Findung/Festlegung eines Konzepts und zur späteren Ausführung einer Konzeption)

Eine **Konzeptentwicklung** sorgt für tragfähige und verbindliche Eckpfeiler, damit im Anschluss eine **Konzeption** gestaltet oder die bisherige Konzeption umgeschrieben werden kann/muss. Damit entwickelt sich eine Konzeption zum schriftlich formulierten „Spiegelbild der Praxis".

Die Konzept(ions)entwicklung dient auch zur gezielten Öffentlichkeitsarbeit

„Tue Gutes und rede darüber." Diese Aussage trifft auch für eine qualitätsgeprägte Öffentlichkeitsarbeit elementarpädagogischer Einrichtungen zu.

Leider hat sich bis heute in der breiten Öffentlichkeit immer noch nicht deutlich genug herumgesprochen, dass Kindertageseinrichtungen eigenständige **FACHINSTITUTIONEN** und die dort tätigen Mitarbeiter/-innen **FACHKRÄFTE** weder liebevolle „Kinderbeschäftigungskräfte" noch als Hilfskraft eingesetzte „Vorschullehrer/-innen" sind. Das kann viele unterschiedliche Hintergründe haben. Wahrscheinlich liegt es daran, dass elementarpädagogische Fachkräfte bisher zu wenig für eine **breit angelegte und offensiv gestaltete Öffentlichkeitsarbeit** beigetragen haben. Umso bedeutsamer ist es daher, dass Kindertageseinrichtungen ihr **eigenständiges, unverwechselbares Profil,** ihren überaus bedeutsamen Beitrag für eine gesellschaftliche Weiterentwicklung, ihre **nicht zu ersetzende Wertigkeit** im Hinblick auf die **Persönlichkeits- und nachhaltige Bildungsentwicklung** der Kinder sowie ihren Anspruch auf Wertschätzung zum Ausdruck bringen: deutlich, unmissverständlich, kontinuierlich und aussagestark formuliert.

Öffentlichkeitsarbeit verfolgt 3 Zielsetzungen

1.) Herstellung einer Transparenz der Aufgaben und hohen Wertigkeit,

2.) Steigerung des Ansehens der Einrichtung in der Öffentlichkeit und

3.) Aufbau, Ausbau und Pflege eines Vertrauens zur Öffentlichkeit.

Wenn auf der einen Seite von Mitarbeiter/-innen des Öfteren der Umstand beklagt wird, dass die Kita in der Öffentlichkeit entweder noch immer als „Aufbewahrungsstätte/Beschäftigungsort für Kinder" angesehen oder wenn elementarpädagogische Fachkräfte im Vergleich zum „Bildungssystem Schule" entweder einen untergeordneten Wert oder eine völlig unberechtigte „Zuarbeiteraufgabe für die Grundschule" zugeschoben bekommen, dann muss es die Elementarpädagogik schaffen, ihre Aufgaben und ihren **eigenständigen** Erziehungs-, Bildungs- und Betreuungsauftrag kompetent nach außen zu tragen. **Daher geht es um die Transparenz!**

Elementarpädagogische Einrichtungen sind eine **besonders bedeutsame gesellschaftspolitische Institution** mit einer nachhaltigen Wirkung. Dieser Stellenwert hat sich jedoch in der Öffentlichkeit immer noch nicht deutlich genug durchgesetzt. Insofern kann eine offensive Öffentlichkeitsarbeit dabei helfen, diese Situation zu verändern.

Daher geht es um die Steigerung des Ansehens!

Aufmerksamkeit in der Öffentlichkeit wird nur dann erreicht, wenn bestimmte Aktionen auffallen und damit der Öffentlichkeit deutlich ins Auge springen. Dabei geht es in der Öffentlichkeitsarbeit selbst nicht um irgendwelche punktuellen „Spots", bei denen nur dann die Öffentlichkeit gesucht wird, wenn aktuelle Notwendigkeiten dazu drängen, bestimmte Aktionen in Gang zu setzen. **Öffentlichkeitsarbeit lebt aus einer qualitätsgeprägten Kontinuität heraus** – fachlich fundiert und beziehungsfreundlich in die Öffentlichkeit transportiert. **Daher geht es um den Aufbau und die Pflege eines Vertrauensverhältnisses zur Öffentlichkeit mit langfristigen Wirkungen!**

Öffentlichkeitsarbeit zeigt sich in einer breiten Vielfalt

Eine qualitätsgeprägte Elementarpädagogik verfolgt das Ziel, ihr **PROFIL** mit vielfältigen **Dokumentationsbelegen** transparent zu machen. Dabei nutzen die elementarpädagogischen Fachkräfte möglichst **viele unterschiedliche Formen der Öffentlichkeitsarbeit,** um die hohe Bedeutung der pädagogischen Arbeit für die Entwicklung der Kinder (und deren Familien) sowie ihre gesellschaftspolitische Wertigkeit zu dokumentieren. Kindertagesstätten präsentieren dabei ihre konzeptionellen Grundsätze/Richtlinien und ihre aktuelle, schriftlich fixierte **Konzeption,** ihre regelmäßigen **Projektdokumentationen** und ihre neuesten **Jahresberichte.** Sie arbeiten an Fachpublikationen mit und sorgen durch ihr öffentliches Engagement auch auf politischer Ebene für ein kinderfreundliches (entwicklungsförderliches)

Umfeld. Ihre Teilnahme an Fachsymposien und Kongressen, ihre Kontaktpflege mit den Ausbildungsstätten (Fach-/Hochschulen) und die vielfältigen, öffentlichen Darstellungen (Ausstellungen/Mitwirkungen bei Aktionen), die Außenrepräsentanz bei Projekten und die Mitwirkung bei kommunalen/gemeindlichen Aktionen prägen ein Bild von der Institution, die das Selbstverständnis klar, nachvollziehbar und offensiv auf den Punkt zu bringen versucht. Nicht zuletzt dadurch schaffen es die Fachkräfte, das traditionell geprägte Bild einer „Kindergärtnerin"/eines „Kindergärtners" aufzuheben und das einer professionellen Fachkraft mit einem hohen Fachwissen und einer gut ausgeprägten Handlungskompetenz zu stabilisieren.

Literatur

Bendt, Ute; Erler, Clauia (2008): Aus bewährter Praxis die eigene Kita-Konzeption entwickeln. Eine Anleitung in 8 Schritten. Mühlheim: Verlag an der Ruhr

Jacobs, Dorothee (2009): Die Konzeptionswerkstatt in der Kita. Weimar/Berlin: Verlag das netz

Krenz, Armin (Hrsg.) (2010): Kindorientierte Elementarpädagogik. Göttingen: Vandenhoeck + Ruprecht

Krenz, Armin (2009): Professionelle Öffentlichkeitsarbeit in Kindertagesstätten. Troisdorf/Köln: Bildungsverlag EINS

Krenz, Armin (2008): Konzeptionsentwicklung in Kindertagesstätten. Troisdorf: Bildungsverlag EINS

Krenz, Armin (2001): Qualitätssicherung in Kindertagesstätten. München: Ernst Reinhardt Verlag

Lill, Gerlinde (2007): Begriffe versenken. Sinn und Unsinn pädagogischer Gewohnheitswörter. Weimar/Berlin: Verlag das netz

Bildung, Erziehung und Betreuung als werteorientierter Selbstbildungsprozess von Kindern in Kindertagesstätten

Ein Kind hat hundert Möglichkeiten:

Ein Kind hat hundert Sprachen, hundert Hände, hundert Gedanken. Es besitzt hundert Weisen zu denken, hundert Weisen zu spielen, hundert Weisen zu sprechen. Hundert, immer hundert Weisen zu hören, zu staunen, zu lieben. Hundert Möglichkeiten zum Singen, zum Verstehen. Hundert Welten zu erfinden, hundert Welten zu träumen. Ein Kind hat hundert Sprachen, aber neunundneunzig werden ihm geraubt. Die Schule und die Kultur trennen ihm den Geist vom Leib. Ihm wird vorgeschrieben: ohne Hände zu denken, ohne Kopf zu handeln; nur zu hören, nicht zu sprechen, ohne Fantasie zu verstehen. Nur an Ostern und Weihnachten zu staunen und zu lieben. Ihm wird vorgeschrieben, die immer schon bestehende Welt zu entdecken. Von den ehemaligen hundert Welten werden neunundneunzig weggenommen. Ihm wird vorgeschrieben, dass Spiel und Arbeit, Wirklichkeit und Fantasie, Wissenschaft und Vorstellungskraft, Himmel und Erde, Vernunft und Träume Dinge sind, die nicht zusammenpassen. Ihm wird also gesagt, dass es die Zahl hundert nicht gibt. Ein Kind aber sagt: „Und es gibt sie doch." (Basistext der Reggio-Pädagogik)

Einführungsgedanken

Ein Blick in die vielfältige Fachliteratur (Publikationen und Periodika) für das Arbeitsfeld Sozialpädagogik offenbarte schon kurz nach dem Bekanntwerden der ersten PISA-Ergebnisse, dass man – bis auf wenige Ausnahmen – fast ausschließlich auf thematisch gleiche oder sehr ähnlich klingende Beiträge stieß. Beiträge, die in allen Facetten das Thema *„frühkindliche und schulkindorientierte Bildung"* zum Schwerpunkt hatten und bis in die heutige Zeit haben. Betrachtet man gleichzeitig die Fort- und Weiterbildungsschwerpunkte für Mitarbeiter/-innen aus dem sozialpädagogischen Bereich, so scheint es auch für viele deutsche Fortbildungsträger (auf Gemeinde-, Kreis-, Landes- oder Bundesebene) nur ein Hauptthema zu geben:

„Bildung als grundlegende und zur Zeit notwendigste Aufgabenstellung der Pädagogik." Schaut man sich darüber hinaus die Themen der meisten Fachkongresse für den sozialpädagogischen Bereich in Deutschland an, so steht auch hier das **Thema „Bildung"** im Vordergrund. Und studieren interessierte, lesebegeisterte Fachkräfte die unterschiedlichen Neuerscheinungen in den elementarpädagogisch ausgerichteten Fachverlagen, so scheinen – vorsichtig geschätzt – über 75 % aller Neuwerke das Thema „Bildung" zu ihrem aktuellen Schwerpunkt erklärt zu haben – und das seit ca. acht Jahren.

> *„Zu früh, zu ausschließlich lehrt man Kinder, was sie hören, sehen, fühlen und denken dürfen. Was würden sie später doch alles können, hätten sie nicht so früh so viel gelernt."*
>
> ***Hans-Herbert Dreiske***

PISA und die Folgen

Ja – was hat eigentlich die erste Studie „PISA 2000" seinerzeit offenbart? Zunächst nicht mehr und nicht weniger, als dass es eine international standardisierte Leistungsmessung mit 15-jährigen Schülerinnen und Schülern aus 32 Staaten gab, bei der in jedem Land unterschiedlich zwischen 4.500 und 10.000 Schülerinnen und Schülern getestet wurden. Damit die Ergebnisse der PISA-Studie innerhalb Deutschlands auch auf Länderebene verwertbar waren, wurde die Stichprobe von 219 Schulen auf 1.466 Schulen erhöht (bei 50.000 Schüler/-innen). Bei der Mischung aus Multiple-Choice-Aufgaben und Fragen, für die eigene Antworten ausgearbeitet werden mussten, wurden Items für eine Testdauer von 7 Stunden eingesetzt. Ferner ging es auch um die Geschlechtsunterschiede in Basiskompetenzen, um selbst reguliertes Lernen, um familiäre Lebensverhältnisse und Lebens- und Lernbedingungen von Jugendlichen im internationalen Vergleich. Bei den drei Schwerpunkten – der Lesekompetenz, der mathematischen und der naturwissenschaftlichen Grundbildung – zeigten die Ergebnisse – je nach Ländern – gravierende Unterschiede und Deutschland schnitt insgesamt gesehen schlecht ab. Nun stellt sich die Frage: Und was wurde in dieser Studie über die Qualität der Kindergartendidaktik gesagt? Nichts! **Die Elementarpädagogik stand dabei in keiner Weise im Fokus dieser Studie.** Doch diese bedeutsame Tatsache interessierte offensichtlich nur wenige Menschen. Vielmehr gab es eine durchaus richtige und wichtige Fragestellung und gleichzeitig eine dramatische Alltagstheorie. Die Frage, inwieweit die Elementarpädagogik mitverantwortlich für das sehr schlechte Abschneiden der 15-jährigen Jungen und Mädchen ist, hat durchaus ihre Berechtigung und muss folgerichtig auch – aber nicht nur bzw. nicht primär – unter diesem Aspekt betrachtet werden. Zum anderen – und hier beginnt eine Verkettung von einer sich immer stärker selbst dynamisierenden Entwicklung – ergab sich aus einer Alltagstheorie ein nächster *Ausgangspunkt der alltagstheoretischen Hypothese.* Wenn die in Deutschland untersuchten 15-jährigen Jungen und Mädchen entsprechend schlechte Untersuchungsergebnisse zum Ausdruck brachten, dann kann es vor allem nur daran liegen, dass Jugendliche im „Zeitfenster früher Kindheiten" zu wenig gefördert worden sind, weiß „man" doch, dass Kinder gerade im „Vorschulalter" besonders lern-, wiss- und förderbegierig sind.

> *Wo lernen wir*
> *Wo lernen wir leben/Und wo lernen wir lernen*
> *Und wo vergessen*
> *Um nicht nur Erlerntes zu leben?*
> *Wo lernen wir klug genug sein/Die Fragen zu meiden*
> *Die unsere Liebe nicht einträchtig machen*
> *Und wo lernen wir, ehrlich genug zu sein*
> *Und unserer Liebe zuliebe*
> *Die Fragen nicht zu meiden?*
> *Wo lernen wir/Uns gegen die Wirklichkeit wehren*
> *Die uns um unsere Freiheit/Betrügen will*
> *Und wo lernen wir träumen*
> *Und wach sein für unsere Träume*
> *Damit etwas von ihnen/Unsere Wirklichkeit wird.*
>
> ***Erich Fried***

„Bildung“ entwickelt sich zum Modewort einer zeitaktuellen Tendenz

„Hast du heute schon gelernt?“ So oder in ähnlicher Art und Weise könnte eine Frage formuliert sein, die Erwachsene heute an Kinder im Kindergartenalter und in didaktischer Formulierung an elementarpädagogische Fachkräfte stellen. Das ist nicht verwunderlich, suggerieren uns doch einerseits die meisten der bisher durch die einzelnen Länder verabschiedeten und publizierten **„Bildungsprogramme“** bzw. **„Bildungsvereinbarungen“** oder **„Bildungsorientierungen“,** dass spätestens im Kindergarten die Fülle der brachliegenden Lernkapazitäten der meisten Kinder gezielt aktiviert werden müssen. Ob es dabei um die **„Förderbereiche“** der Sensorik, Motorik, Emotionalität, Kommunikationsfähigkeit, Ästhetik, Kognition, Soziabilität, Sprache, Interkulturalität, Kreativität oder Welterkundung, Gesundheit, Naturwissenschaft, den Schwerpunkt Literacy, ein mathematisches Grundverständnis oder eine Zweisprachigkeit geht. An alle Möglichkeiten und **„Bildungsfenster“** wird gedacht, gilt es doch, möglichst keinen Bereich zu keinem Zeitpunkt außer Acht zu lassen. Und schon zeigt sich schnell ein weiterer Trend: **„Quantität vor Qualität“** – so heißt in vielen Einrichtungen inzwischen das Zaubermittel der Gegenwart.

Eine Einrichtung, die *möglichst viele Angebote in unterschiedlichen Schwerpunkten* den Kindern offeriert und gleichzeitig den Eltern im Sinne einer „Angebotsskala“ offenlegt, was Kinder in diesem speziellen Kindergarten alles lernen können, ist in den Augen vieler Eltern, die nicht zuletzt als Kunden betrachtet werden (wollen), eine wirklich qualitätsgeprägte Institution.

Und das Lob der Eltern bestärkt dabei viele Erzieher/-innen in der Annahme „auf dem richtigen Weg“ zu sein. So wird das Wort „Bildung“ immer stärker *unter dem Gesichtspunkt einer „späteren Verwertbarkeit“* definiert und eingestuft, die die postmoderne Gesellschaft aus aktueller Sicht offensichtlich für nötig erachtet.

So spielen die tiefe **Erlebnisqualität für das Kind,** die Frage der **Sinnhaftigkeit** für das aktuelle Leben heutiger Kinder, ein **tiefes Glücksempfinden** für das gegenwärtig erfahrene Leben bei dem aktuellen Bildungsverständnis eine notwendigerweise untergeordnete Rolle. Bildung wird „bedarfsgerecht“ zusammengestellt und so konzipiert, dass sie „effiziente Lernauswirkungen“ bedingt. Natürlich versteht es sich in diesem Zusammenhang dann von selbst, dass regelmäßige Leistungs- und Erfolgskontrollen, Ranking-Verfahren und permanente Evaluationen den Erfolg dokumentieren sollen bzw. Misserfolge zu neuen Anstrengungen auffordern. Kurzum: Waren es also in den Sechzigerjahren die Vorschulblätter und das frühe Lesenlernen, die eine Faszination für die Elementarpädagogik bedeuteten, in den Siebzigerjahren der damals revolutionäre Situationsansatz, in den Achtzigerjahren die Momente der Neuorientierung und Stabilisierung von Ansätzen und Konzeptionen inklusive der Blicke über die Grenzen hinaus – erinnert sei an die Faszination der Reggio-Pädagogik – und ab der Mitte der Neunzigerjahre die Qualitätsdiskussion, so scheint es heute nur noch die **„Magie der Bildung“** zu geben mit einem größtenteils identischen Vokabular aus den Sechzigerjahren. Wieder gibt es „Vorschulhefte“, die „zu einem guten Start in die Schule verhelfen sollen“, Hefte mit „mathematischen Angeboten zur Durchführung von Zahlenprojekten“, „naturwissenschaftliche Angebote zur Förderung von Begabungen“ und „Entdeckungshefte“, die jede Menge „Brain-Gym für kluge Köpfe“ anbieten. Der Kindergarzt und Ethnologe Dr. Herbert Renz-Polster spricht in diesem Zusammenhang von „Synapsenfutter“, das Kinder unweigerlich in einen „pädagogischen Würgegriff“ hineinbringt. (2013, S. 133, S. 105)

Was ist eigentlich „Bildung“?

Im sogenannten Delors-Bericht definiert dieser UNESCO-Bericht zur Bildung für das 21. Jahrhundert, der 1996 von der Europäischen Union im Amsterdamer Vertrag beschlossen, 1997 in deutscher Sprache von der Deutschen UNESCO-Kommission herausgegeben und im Jahre 2001 in Göteborg verabschiedet wurde, in angemessener Kürze und in außergewöhnlich treffender Inhaltsprägnanz das wichtigste Ziel der Bildung. Dort heißt es:

> *„Bildung ist der Kern der Persönlichkeitsentwicklung und der Gemeinschaft. Ihre Aufgabe ist es, jeden von uns, ohne Ausnahme, in die Lage zu versetzen, all unsere Talente voll zu entwickeln und unser kreatives Potential, einschließlich der Verantwortung für unser eigenes Leben und der Erreichung unserer persönlichen Ziele, auszuschöpfen."*

Wer diesen Satz in seiner großen inhaltlichen Bedeutung Wort für Wort versteht, merkt schnell, dass die in Deutschland – und damit auch die in deutschen Kindergärten überwiegend umgesetzte **„Bildungsarbeit"** häufig eine **andere Richtung** eingeschlagen hat. Bei dieser Begriffserläuterung wird „Bildung" zunächst als Fundament einer *Persönlichkeitsentwicklung* des einzelnen Menschen verstanden und einer sozial miteinander verbundenen Gruppe.

- Gemeint ist *nicht* eine Vermittlung kognitiver Ansammlungsfakten, sondern vielmehr die **Entwicklung und der Ausbau der lebensbedeutsamen Kompetenz,** neugierig zu sein und dies ein Leben lang zu bleiben.

- Gemeint ist *nicht* primär, den kognitiven Bereich anzusprechen, sondern den Menschen zu befähigen, das eigene Leben selbstständig und aktiv, verantwortungsvoll gestalten zu können.

- Gemeint ist *nicht*, sich anderen Menschen weitestgehend erwartungsorientiert unterzuordnen oder das zu tun, was andere erhoffen, sondern **Autonomie** zu entwickeln und **Partizipationskompetenzen** zu zeigen.

- Gemeint ist *nicht*, Aufgaben, die von anderen an einen selbst gestellt werden, zu erfüllen, sondern die Fähigkeit zu entdecken und zu nutzen, **sich selbst** für Aufgaben zu interessieren und zu motivieren, Leistungsbereitschaft zu entwickeln und Leistungsfähigkeit zu demonstrieren.

- Gemeint ist *nicht*, einzelne Teilleistungsaufgaben zu sehen und zu erfüllen, sondern die **Dinge der Welt vernetzt miteinander zu betrachten**, Sinnzusammenhänge zwischen unterschiedlichen Aspekten zu entdecken und Interdisziplinarität zu realisieren.

- Gemeint ist *nicht*, viel zu lernen, sondern gelernt zu haben, wie **Wissen selbstständig zu erwerben** ist und entsprechende Anstrengungen zu unternehmen, um aus einer breiten Allgemeinbildung(!) selbstaktiv vertiefende Kenntnisse zu suchen und zu erwerben.

- Gemeint ist *nicht*, die Dinge der Welt so zu betrachten wie sie in der Vergangenheit und Gegenwart betrachtet wurden, sondern mit einem **weltoffenen, kreativen Blickwinkel** zu sehen, um neue Perspektiven zu entwickeln bzw. Innovationen zu initiieren.

- Gemeint ist *nicht*, Arbeitsstrategien anderer Menschen zu kopieren, sondern **selbst hilfreiche Planungs- und Umsetzungsstrategien** zu beherrschen, die entscheidend dazu beitragen werden, eigene Talente immer wieder aufs Neue auszubauen.

- Gemeint ist *nicht*, theoretisch über Konflikte zu reden, sondern eine **Konfliktkompetenz** zu beherrschen, die zu einer tiefen Kommunikationskultur mit anderen Menschen beiträgt.

- Gemeint ist *nicht*, eigene Egozentrismen zu pflegen (Verhalten nach dem „Lustprinzip“), sondern Empathie und Solidarität zu entwickeln.

- Gemeint ist *nicht*, die Urteile anderer Menschen zu übernehmen, sondern **ein eigenes Urteilsvermögen** zu besitzen.
- Gemeint ist *nicht*, ein passives Lernverhalten zu zeigen, sondern **eigenständige Lernaktivitäten** an den Tag zu legen, um beispielsweise Wesentliches von Unwesentlichem unterscheiden zu können.

Bildung ist das Ergebnis einer vernetzten Betrachtung

> *„Genug der seltsamen Stilblüten, die in jenen Köpfen treiben, die sich das Geschäft des Erziehers so einfach vorstellen wie Klein-Moritz: dort das Kind, hier ich. Wenn ich es zu mir gezogen habe, es also so ist wie ich (oder ich es mir vorstelle), dann ist Erziehung gelungen."*
>
> ***Prof. Dr. Wolfgang Liegle***

Ein spezifisches, individuell gezeigtes Leistungsverhalten ergibt sich aus einer großen Fülle unterschiedlicher Einflussgrößen frühester, früher und späterer Erfahrungen und Bedingungen, die auf Kinder wirksam sind. Bildung hat selbstverständlich etwas mit (1.) dem Bildungsniveau von Eltern, (2.) ihren selbst gelebten Bildungsinteressen, (3.) ihrem besonderen Freizeitverhalten, (4.) ihrem Interesse an Kulturaneignung und -vermittlung, (5.) dem die Kinder prägenden Erziehungsstil, (6.) elterlichen Erziehungsmethoden etc. zu tun. Gleichzeitig hat (7.) das soziale Umfeld, in dem die Kinder und Jugendlichen aufwachsen, die die Persönlichkeit prägenden Lebensumstände und die gesamte Infrastruktur der unmittelbaren Umgebung und der Freundeskreis in gleichem Maße eine Auswirkung auf die „Bildung" von Kindern und Jugendlichen wie (8.) die besondere Didaktik des von den Kindern besuchten Kindergartens, (9.) die personalen und beruflichen Merkmale der elementarpädagogischen die

Fachkräfte, (10.) die Gruppenzusammensetzung und -größe, (11.) die räumliche Ausstattung im Innen- und Außenbereich wie später auch die Schule. Hier kommt es gleichfalls auf (12.) die Didaktik des Unterrichts an, (13.) die Klassengröße, (14.) das besondere Können der Lehrer/-innen, (15.) ihre Beziehungsfähigkeit und ihr (16.) Bindungsverhalten zu Kindern etc. an. **Diese Betrachtungen** – gemeint ist eine dezidierte Beachtung dieser Vernetzungen – **bedürfen gleichzeitig einer vernetzten Sichtweise,** um Zusammenhänge zu erkennen und verstärkte Kooperationen in Gang zu setzen.

Fazit

Bildung kann nur im Sinne einer **Selbstbildung der Kinder** erfolgreich sein. Diese Form der frühen Bildung von Kindern verlangt einen deutlichen **Perspektivwechsel** der Erwachsenen im Unterschied zu einem früheren, üblichen Bildungsverständnis. War in den vergangen Jahrzehnten eher ein Arbeitsverständnis vertreten, das darauf ausgerichtet war, Kindern „Bildung direkt zu vermitteln", so richten sich heute die Fragen darauf aus, **welche Bedingungen** Kindern hilfreich sind, um selbstständig auf Fragen zu stoßen, Fragen zu stellen, Antworten zu suchen, Handlungsversuche zu planen und Handlungsschritte zu unternehmen.

Prof. Dr. Gerd E. Schäfer schreibt dazu:

> *„Unter Selbstbildung verstehen wir die Tätigkeit, die Kinder verrichten müssen, um das, was um sie herum geschieht, aufnehmen und zu einem inneren Bild ihrer Wirklichkeit verarbeiten können. Wenn sie das nicht tun, sind wir als Pädagogen machtlos. Gehen wir von dieser Tätigkeit der Kinder aus, setzt das voraus, dass wir wissen, was in den Köpfen der Kinder vor sich geht. Das erfahren wir aber nur, wenn wir uns mit ihnen darüber verständigen."* **2004, S. 7**

Die Voraussetzungen für eine **Selbstbildung** sind nur gegeben, wenn:

- Fachkräfte sich immer wieder danach fragen, welche **Interessensgebiete** Kinder haben und welche **Entwicklungsaufgaben** die Kinder zurzeit bewältigen,
- Lernhemmnisse und Lernblockaden sowohl auf Seiten der Erzieher/-innen als auch bei Kindern erkannt, aufgenommen und bewältigt werden,
- Kinder und Erwachsene ihre jeweiligen **Lernfortschritte** erkennen, artikulieren und nachhaltig erleben,
- jedes Kind und jeder Jugendliche als **einzigartig** in seiner Person und als **individuell** in seinen jeweilig besonderen Entwicklungsmöglichkeiten angesehen wird,
- sich eine Bildungsarbeit als eine **„eigenständige Welterkundung"** durch die Kinder entwickelt,
- Kinder erleben, dass diese Welterkundung etwas ganz Konkretes **mit ihrem individuellen Leben** zu tun hat und sich jeder bedeutsame Bildungsbereich in seinem Lebenskontext wiederfinden/wiederentdecken lässt.
- Kinder und Erwachsene durch selbstaktive Bildungsaktivitäten ein ständig wachsendes **Identitätsbewusstsein** erlangen,
- das Bildungsgeschehen sowohl in einer **beziehungsnahen Interaktion** mit den Erwachsenen (Erzieher/-innen und Eltern) geschieht als auch durch selbstaktive Vorhaben „genährt" wird – Bildung geschieht durch eine wertschätzende Beziehungsgestaltung unter gleichzeitiger Akzeptanz kindeigener Kompetenzen und Ressourcen.
- Erwachsene durch ihre ständige **Bildungsbereitschaft** und ihre vielfältigen Bildungsaktivitäten selbst in einem stets aktivierten Bildungsprozess stehen,

- Bildung als ein **individueller Entwicklungsweg** aller Beteiligten verstanden wird,
- Bildungsergebnisse nicht nach Einschätzung von Erwachsenen als „richtig bzw. falsch" klassifiziert, sondern unter dem Aspekt einer hilfreichen **Persönlichkeitsentwicklung** betrachtet werden,
- Bildung als ein **Entwicklungsvorgang im Alltag** geschieht und nicht durch künstliche, zeitbegrenzte und belehrende „Bildungsprogramme" erzielt werden will,
- Bildung durch die **lebendige Auseinandersetzung** – gerade mit vielfältigen, alltagsbedeutsamen philosophischen Gedanken – die Selbstexploration des Menschen unterstützt und ihn zu einer wertebewussten Einschätzung von Situationen befähigt,
- Erwachsene alle für Kinder formulierten Bildungsziele als **eigene Bildungsanforderungen** deuten,
- Kinder ihre Alltagserfahrungen mit einem subjektiven „Bedeutungssinn" verknüpfen können,
- Kinder die gesamte Bildungsarbeit als ein **„Bildungsrecht"** erleben und nicht als eine fremdgesteuerte „Bildungspflicht" erfahren müssen,
- nicht – wie häufig in der elementarpädagogischen Praxis zu beobachten ist – aus Sachanforderungen und Problemen Beziehungsschwierigkeiten provoziert werden,
- Bildung in einer stetigen **Verknüpfung von Herz, Hand und Hirn** erlebt werden kann,
- Bildungsarbeit für Kinder und Erwachsene gleichermaßen immer wieder mit Zuversicht und Perspektivorientierungen verbunden ist,

- die Begriffe „Bildung“ und „Wissen“ unterschiedlich definiert werden und sich das professionelle Bewusstsein durchsetzt, dass es in der gesamten Bildungsarbeit nicht primär darum geht bzw. gehen kann/darf, konkretes Einzelwissen den Kindern zu vermitteln,
- **Bildung als Selbstwirksamkeit** erlebt wird – verbunden mit der Fähigkeit, über eigene Entwicklungspotenziale zu staunen, sich selbst zu begeistern, eine vielseitige emotionale Empfänglichkeit aufzubauen, immer wieder eine aktive Fragehaltung zu besitzen und sich in ständige Anstrengungsbereitschaften zu begeben,
- Bildung eine **erfahrungsorientierte, handlungsbezogene und anschauungsattraktive Tätigkeit** mit einem hohen Aufforderungs- und Auseinandersetzungswert für Kinder und Erwachsene ist.

Basale Erziehungsziele: Selbstständigkeit, Autonomie, Soziabilität

Alle Kindertageseinrichtungen – dazu zählen Krippeneinrichtungen, Kindergärten und Horte – sind seit Anfang der Siebzigerjahre des letzten Jahrhunderts – ausgelöst durch die Empfehlung des Deutschen Bildungsrates – **eigenständige Bildungsinstitutionen,** auch entsprechend ihrem gesetzlichen Auftrag, dokumentiert im Kinder- und Jugendhilfegesetz (SGB VIII, § 22) und aufgenommen in den Kindertagesstättengesetzen der einzelnen Bundesländer. Dort heißt es übereinstimmend, dass es die Aufgabe aller Kindertageseinrichtungen ist, die „Entwicklung jedes Kindes zu einer eigenverantwortlichen und gemeinschaftsfähigen Persönlichkeit zu fördern“. Eine solche Förderung bezieht sich dabei auf drei inhaltliche Schwerpunkte: die **Bildung, Betreuung und Erziehung.** Dabei stehen diese drei

Kernaufgaben gleichberechtigt nebeneinander und sind für die praktische Arbeit untrennbar miteinander verbunden. Gleichwohl gilt es, die Begriffe selbst in ihrer eigenständigen Besonderheit zu erfassen, um einerseits die fachlichen und personalen Konsequenzen daraus ziehen zu können und andererseits die pädagogischen Zielrichtungen darauf aufzubauen sowie exakte Zielsetzungen daraus abzuleiten.

Bildung – wie oben ausführlich beschrieben – umfasst die **personale Entwicklung des Menschen,** durch die er sich selbst immer tief greifender kennenlernt, seine eigenen, vielfältigen Entwicklungsressourcen entdeckt, die Grundlagen seiner persönlichen Werte und Einstellungen entwickelt und damit letztlich ein Verhältnis zu seiner Innen- und Außenwelt aufbaut. Durch diese Form seiner Selbstbildung ist er in der Lage, ein Bild von sich zu gewinnen, zu erstellen und auszubauen. Gleichzeitig wird er dadurch sein Selbstbild auch immer wieder in die vielfältigsten Beziehungen zu seiner erlebten Außenwelt setzen, Deutungen vornehmen, Bedeutungen entwickeln, Fantasien zulassen, Hypothesen bilden, Annahmen bestätigen oder verwerfen, Eigensinn entdecken und immer stärker eine *Selbstständigkeit* aufbauen. Diese führt ihn schließlich dazu, sich als ein weitestgehend selbstverantwortlicher Akteur seines Lebens begreifen zu können und seine Biografie selbsttätig zu gestalten. Im Sinne einer Definition des *Bildungsauftrags* ergibt sich folgende Beschreibung:

> *Der Bildungsauftrag (sozial-)pädagogischer Einrichtungen besteht in einer persönlichkeitsbildenden Entwicklungsunterstützung der Kinder und Jugendlichen. Sein Ziel ist es, die Lern- und Leistungsfähigkeit des Menschen mit zu aktivieren und ihm dabei hilfreich zur Seite zu stehen, seine Handlungsvielfalt und Handlungsmöglichkeiten zu entdecken, Handlungsstrategien auszuprobieren und Handlungserfahrungen zu verinnerlichen. Dabei kann Bildungsarbeit nur in erfahrbaren Sinnzusammenhängen geschehen unter gleichzeitiger Berücksichtigung bedeutsamer kultureller Erfahrungswerte.* ***Armin Krenz***

Erziehung ergibt sich in der Folge aus dem Selbstbildungswunsch des Menschen. Sie versteht sich als eine stetige **Reaktion auf die Bildungsaktionen,** die Kinder und Jugendliche Tag für Tag an den Tag legen. Ihre Neugierde, ihr Interesse an „Gott und der Welt“, ihr Wissensdurst, ihre Lernfreude, ihre Experimentierbereitschaft und ihr persönliches Lebensengagement sind es, die die Grundlage für eine Erziehung bilden und eine entwicklungsförderliche Erziehung besonders anmahnen. Erziehung heißt daher, immer wieder mit dem Kind tätig zu sein, vielfältigste Erfahrungen gemeinsam zu erleben, Freiräume für Experimente zu schaffen und zuzulassen, bedeutsame Situationen gemeinsam zu reflektieren, Tabus und Grenzsetzungen zu verstehen, Situationsänderungen zu versuchen, Konsequenzen zu erleben, Anstrengungsbereitschaften zu entwickeln und schließlich, Verantwortung für getätigte und gleichzeitig unterlassene Handlungen zu übernehmen.

Abgeleitet aus dieser Kurzbeschreibung ergibt sich daher folgende Definition:

> *Der Erziehungsauftrag (sozial-)pädagogischer Einrichtungen besteht darin, aktiv dafür zu sorgen, dass Kinder und Jugendliche eine allumfassende, lebendige und vielfältige, die Neugierde unterstützende Erfahrungswelt kennenlernen können, damit sie immer stärker in der Lage sind, ihre individuelle Identität zu erfahren und zu begreifen, weiterzuentwickeln und auszubauen. Auf diese Weise bauen Kinder und Jugendliche alle notwendigen Kompetenzen auf, um gegenwärtige und zukünftige Lebenssituationen weitestgehend autonom zu gestalten.*
>
> ***Armin Krenz***

Betreuung wurde in Deutschland über eine lange Zeit – teilweise bis heute – eher so verstanden, dass Kinder einerseits „beschäftigt“ werden (sollten), andererseits darauf geachtet wurde/wird, dass

Kinder vor Unfallgefahren geschützt und die Kindertageseinrichtungen damit ihrer Aufsichtspflicht nachkommen konnten. Ausgehend von dieser Sicht- und Verständnisweise ist der Anspruch vieler Erzieher/-innen nachvollziehbar, dass beispielsweise die Kinder bei entsprechenden didaktischen Vorhaben „eine vorbereitete Umgebung“ vorfinden konnten, auf besondere Art und Weise auf eine „gesunde Ernährung“ geachtet wurde, feste „Schlafzeiten“ in den Tagesablauf eingebaut wurden, besondere „körperliche Hygieneregeln“ in den Mittelpunkt mancher Einrichtungen rückten oder alle möglichen Gefahrenquellen im Innen- und Außenbereich der Einrichtungen so weit wie möglich reduziert wurden. Diese und sicherlich viele weitere Aspekte ergaben sich aus dem „Selbstverständnis“ der Fachkräfte, dass Kindertageseinrichtungen letztlich eine Dienstleistung für Eltern ausführten und diese einen Anspruch darauf haben, ihr Kind am Ende der „Tagesbetreuungszeit“ körperlich gesund und unversehrt wieder nach Hause bringen zu können. Doch zeigt sich bei einer genaueren Betrachtung des Wortes **„Be-treu-ung“** ein anderer Sinn. In diesem Begriff ist das Eigenschaftswort „treu“ eingeschlossen. Wenn es also etwas mit **„jemandem treu sein“** oder **„Treue unter Beweis stellen“** zu tun hat – was unwidersprochen der Fall ist –, dann ergibt sich für diesen Begriff eine völlig neue Bedeutung. Treue hat etwas mit Beziehungsqualitäten, einer verlässlichen Nähe, Wertschätzung im Umgang miteinander und einer respektvollen Kommunikation zu tun. **Insofern umfasst die Betreuung in erster Linie den gesamten Bereich einer durch Achtung geprägten Interaktion.** Verlässlichkeit und eine annehmbar erlebte Nähe zum Erwachsenen schafft Vertrauen, ein respektvoller Umgang miteinander bildet die Grundlage für Sicherheit und eine freundliche Beziehungskultur zwischen Kindern, Jugendlichen und den Erwachsenen, lässt Offenheit, Neugierde und Lebensfreude entstehen. Alle diese Merkmale sind wiederum der Ausgangspunkt für den Aufbau sozialer Verhaltensweisen. Eine Selbstannahme lässt die Annahme anderer Menschen zu. Die eigene Lebensfreude führt zum Wunsch, auch mit anderen Menschen glücklich umgehen zu wollen. Eine eigene, innewohnende Sicherheit schafft den Boden für Belastungen – gerade in sozialen Beziehungen – und **Vertrauen sowie Verlässlichkeit** sind zwei wesentliche Garanten für freundschaftliche und kommunikationsoffene Umgangsformen.

So ergibt sich aus dieser Kurzbeschreibung schließlich folgende Definition:

> *Der Betreuungsauftrag (sozial-)pädagogischer Einrichtungen besteht darin, Kindern und Jugendlichen treu zu sein. Das geschieht durch den Auf- und Ausbau fester, verlässlicher Beziehungen zu ihnen und durch eine wertschätzende Pflege der Beziehung mit ihnen. Durch die Umsetzung des Betreuungsauftrags können Kinder ein Gefühl der Sicherheit aufbauen. Sie bildet die Grundlage für alle bedeutsamen Entwicklungsprozesse im Menschen.*
>
> ***Armin Krenz***

Zum Schluss sei noch einmal darauf hingewiesen: Auch wenn alle drei Begriffe ihre spezifische Bedeutung und damit ihren besonderen, unverwechselbaren Auftrag für Kindertageseinrichtungen haben, so bilden sie dennoch in der pädagogischen Praxis eine Einheit, die sich aus ihrer Ergänzung zu einem Ganzen zusammensetzt.

Bildungsorte, Erziehungsorte und -gelegenheiten: formelle, nicht formelle und informelle Bildung und Erziehung

Bildung kann durch dreierlei Formen initiiert, auf- und ausgebaut werden. Dabei wird zwischen *formeller, nicht-formeller* und *informeller Bildung* unterschieden:

> *„Unter formeller Bildung wird das gesamte, hierarchisch strukturierte und zeitlich aufeinander aufbauende Schul-, Ausbildungs- und Hochschulsystem gefasst, mit weitgehend verpflichtendem Charakter und unvermeidlichen Leistungszertifikaten.*
>
> *Unter nicht-formeller Bildung ist jede Form organisierter Bildung und Erziehung zu verstehen, die generell freiwilliger Natur ist und Angebotscharakter hat.*
>
> *Unter informeller Bildung werden ungeplante und nicht-intendierte Bildungsprozesse verstanden, die sich im Alltag von Familie, Nachbarschaft, Arbeit und Freizeit ergeben, aber auch fehlen können. Sie sind zugleich unverzichtbare Voraussetzung und ‚Grundton', auf dem formelle und nicht-formelle Bildungsprozesse aufbauen."*
>
> ***Bundeskuratorium 2001, S. 164f.***

Es versteht sich von selbst, wenn in Kindertageseinrichtungen gerade die **nicht-formelle sowie die informelle Bildung** eine besonders hohe Bedeutung erlangen (müssen). Hier geht es darum, dass Leistungsbewertungen nicht angebracht sind – stattdessen gilt es, Irr- und Umwege der Kinder als Lernsituationen zu bemerken und aufzugreifen, anzunehmen und gemeinsam zu reflektieren. Auch gibt es keine Selektion auf der Grundlage von Aussonderungstendenzen – stattdessen werden alle Möglichkeiten gesucht, integrative Prozesse zu initiieren und zu nutzen, um für alle Problemstellungen gemeinsam eine Lösung zu finden. Und schließlich geben die Besonderheiten der kindeigenen, biografischen und soziokulturellen Ausgangslagen unendlich viele Möglichkeiten her, **situationsorientierte Bildungsimpulse** zu erkennen und aufzugreifen. Das heißt exakt, dass sich die gesamte pädagogische Arbeitspraxis nach den aktuellen Bildungsprozessen von Kindern ausrichtet und eben *nicht* der übliche, umgekehrte Weg eingeschlagen wird, bei dem sich – wie bei einer formellen Bildung – die Bildungsprozesse der Kinder an den Ansprüchen, Erwartungen und Erfordernissen der Einrichtung und Mitarbeiter/-innen orientieren müssen. Damit sind **reale Lebenssituationen** sowie Erlebnisse, Ereignisse und Erfahrungen Ausgangsorte für Lernsituationen. *Im Kindergarten selbst*, beim Kochen und Backen, Werken und Gestalten, Texten und Singen, Musikinstrumentenbau und Rollenspiel, Bau- und Konstruktionsspiel, Theater- und Handpuppenspiel, beim (Um-)Gestalten der Räume, dem Herstellen von Werkzeug und eigenen Mal-, Bilder- und Schreibbüchern, technischen Gerätschaften und Kunstobjekten. *Außerhalb des Kindergartens* sind es die unterschiedlichen Wohn- und Lebensverhältnisse der Menschen, ihre unterschiedlichen Berufe, Geschäfte und Behörden, Armut und Reichtum, Straßen und Parks, Wälder und Forste, Freizeiteinrichtungen und Verkehrsfahrzeuge, Wetterverhältnisse und Jahreszeiten, Feste und Feiertage, Leben und Tod, unterschiedliche Religionen, unterschiedliche Herkunftsländer der Kinder und/oder ihrer Eltern, unterschiedliche Formen des Zusammenlebens, Gesundheit und Krankheit, Jung und Alt, Naturereignisse, die mediale Vielfalt ...

> *„Wenn Sie Kinder etwas lehren, hindern Sie sie daran, es selbst zu entdecken – Sie stiften Schaden."*
>
> **Jean Piaget**

Es geht daher sowohl aus entwicklungspsychologischen als auch aus neurobiologischen Erkenntnissen (vgl.: Hüther, G, 2005) nicht an, die Form eines schulischen (formellen) Lernens und Belehrens in die Elementarpädagogik zu übertragen. Die **„Natur des Kindes“** (Kagan, 2001) hat ihren eigenen, besonderen, unverwechselbaren und einmaligen Rhythmus und damit ihre eigenen Gesetzmäßigkeiten, die weder übersprungen noch verkürzt werden dürfen. Insofern können gerade elementarpädagogische Einrichtungen nur dann zu *effizienten Bildungsorten* für Kinder werden, wenn sich Bildungsarbeit weniger darauf beschränken würde, bis ins Detail geplante Bildungsziele für Kinder vorzuformulieren und durchzuführen als vielmehr **organisatorische, strukturelle und personelle Bedingungen zu schaffen,** die Kindertageseinrichtungen zu wirklichen Bildungsorten werden lassen.

> *„Unter einem autoritären Regime ist es unmöglich, denken zu lernen. Denken heißt selbstständig suchen, heißt frei Kritik äußern, heißt ohne Gängelung Beweise finden. Denken setzt also das freie Spiel der geistigen Kräfte voraus, nicht etwa Arbeit unter Zwang und bloße Wiederholung.“*
>
> **Jean Piaget**

Basale Bildungs- und Erziehungsbereiche

Nahezu alle Bildungsprogramme, Bildungsrichtlinien und Bildungsorientierungen der unterschiedlichen Bundesländer in Deutschland haben in ihren Ausführungen entsprechende *„Bildungsbereiche“* auf- und größtenteils auch inhaltlich ausgeführt. Allerdings reichen die inhaltlichen Beschreibungen von einfachen, offengehaltenen Hinweisen bis hin zu dezidierten Angaben zur Vorbereitung, Durchführung und Auswertung von praktizierter „Bildungsarbeit“. Immer wieder geht es dabei vor allem um folgende Schwerpunktbereiche: Körper,

Bewegung, Gesundheit, Kommunikation, Sprache(-n) und Schriftkultur, (inter-)kulturelle und soziale Grunderfahrungen, Ästhetik und Kreativität, Mathematische Grunderfahrungen, Welterkundung und naturwissenschaftliche Grunderfahrungen, Spielen und Gestalten, Medien, Natur, ethische und religiöse Fragen, emotionale Entwicklung und soziales Lernen, kognitive Fähigkeit und Freude am Lernen, lebenspraktische Kompetenzen.

So hilfreich es zunächst erscheinen mag, sich die Vielfalt der unterschiedlichen Bildungs- bzw. Lernbereiche zu verdeutlichen und so eindringlich auch in den meisten Bildungsprogrammen, -richtlinien und -orientierungshilfen darauf hingewiesen wird, die genannten Bildungs- bzw. Lernbereiche **nicht als „isolierte Übungsfelder"** zu verstehen, so dramatisch entwickeln sich dennoch in vielen Bundesländern diese länderspezifischen Erlasse und „Bildungspläne" zu methodisch/didaktischen „Unterweisungsratgebern". Dazu sei ein kleines Gedankenspiel an dieser Stelle erlaubt:

Stellen Sie sich einmal vor, der Autor dieses Textes würde Sie in diesem Augenblick auffordern, jetzt, während des Lesens, *nicht* an ihre Lieblingsspeise zu denken, *nicht* die wunderschönen, zurückliegenden Urlaubserfahrungen genüsslich Revue passieren zu lassen oder sich *nicht* in der Fantasie vorzustellen, was geschehen würde, wenn in diesem Augenblick der Postbote an der Türe klingeln und ihnen in einem offiziellen Schreiben mitgeteilt werden würde, Sie hätten in den nächsten Tagen einen Millionengewinn zu erwarten.

Frage: Was ist passiert? Bei diesem Gedankenspiel werden zwei widersprüchliche Informationen weitergeleitet. Auf der einen Seite geht es um konkret angebotene Gedankenbilder, auf der anderen Seite steht die Aufforderung im Raum, sich *nicht* auf diese Wahrnehmungs- und Informationsreize einzulassen. Was ist der Erfolg? Die Informationen aktivieren kognitiv-emotional abgespeicherte Bilder und werden *automatisch wirksam*. Ähnlich verhält es sich mit den teilweise exakt vorgestellten und ausführlich dargebotenen Bildungsbereichen und dem gleichzeitigen Hinweis, Fachkräfte mögen sie nicht isoliert sehen/verstehen oder als ein Abarbeiten von Lerneinheiten begreifen.

Eine solche Auflistung von Bildungsbereichen bzw. „Lernfeldern" scheint daher in der Praxis genau das nicht erwünschte Gegenteil zu bewirken.

Zusammenfassung

a) Bildungsbereiche sind **immer miteinander vernetzt** und kommen daher in der Alltagspraxis als „Gesamtwerk" zum Einsatz und Ausdruck.

b) Bildungsprozesse von Kindern gestalten sich stets als **offene Lebens- und Lernerfahrungen,** deren Verläufe sich sehr unterschiedlich gestalten und völlig anders verlaufen können als von Erwachsenen „vorgedacht".

c) Bildungsergebnisse können und dürfen nicht vorher festgelegt werden, weil die „Wege der Aneignung von Welt" (Schäfer) ganz unterschiedliche Vorgehensweisen möglich machen.

d) **Bildungsanforderungen** – abgeleitet aus gesellschaftlichen Notwendigkeiten – **wandeln sich von Zeit zu Zeit.** Insofern müssen Fachkräfte ihr „Ohr am Puls der Zeit" haben und sorgsam prüfen, ob einstmals hochgelobte Bildungsmaxime auch heute noch eine wirkliche Aktualität für das gegenwärtige und künftige Leben der Kinder und Jugendlichen besitzen.

e) Bildungsarbeit als Initiierung und Begleitung von kindeigenen Bildungsprozessen ist nur dann von Erfolg gekrönt, wenn (sozial-)pädagogische Fachkräfte und Institutionen ein **hausinternes Curriculum** erstellen, das sich auf die **unmittelbare, aktuelle Lebenswelt** der Kinder und Jugendlichen bezieht.

f) In sich abgeschlossene Bildungsbereiche entspringen ausschließlich der Logik von Erwachsenen – **Kinder denken und lernen anders.** Daher gilt es insbesondere und immer wieder darauf zu achten, dass sich die Erwachsenenlogik nicht der Kinderlogik bemächtigt und diese dann verkümmern lässt. Das hätte dramatische Folgen für die kognitive, sozial-emotionale und handlungsorientierte Entwicklungsgeschichte vom Kindheits- bis zum Erwachsenenalter.

g) Eine Bildungsarbeit kann dann als erfolgreich betrachtet werden, wenn Kinder und Jugendliche sowohl personale, emotional-soziale, handlungsorientierte und lernmethodische Kompetenzen entwickeln konnten und dabei immer wieder ein **ungetrübtes Selbstvertrauen** in die eigenen, vielfältigen und scheinbar unerschöpflichen Lernmöglichkeiten entwickeln konnten.

BILDUNG ist keine Ware

Elementarpädagogische Fachkräfte waren und sind es (ebenso wie Lehrerinnen und Lehrer) durch ihr geschichtlich zurückliegendes und darin begründetes berufliches Selbstverständnis immer schon gewohnt, **Bildungsziele und Bildungsaufgaben an andere zu richten** und in diesem Fall auf Kinder zu übertragen. So versuchen sie im beruflichen Alltag, immer wieder dafür zu sorgen, dass **das Kind beispielsweise** „sich auf unterschiedlichste Herausforderungen und Aufgabenstellungen einlassen kann, Wesentliches von Unwesentlichem unterscheiden lernt, in der Lage ist, sich selbst und seine Handlungstätigkeiten genau anzuschauen, hilfreiche Arbeitstrategien übernimmt und verinnerlicht und diese handlungsorientiert umsetzen kann, Handlungen durch Versuch und Irrtum strukturieren und arbeitsförderlich gestaltet, an neuen Erkenntnissen arbeitet, um Erfolge zu erringen und unbrauchbare Strategien erkenntnisgeleitet verwirft". Diese Bildungsziele sind nur eine kleine Auswahl aus einigen **„Bildungsprogrammen für Kindergärten"**, die zurzeit sehr heftig in Deutschland unter Bildungswissenschaftlern, elementarpädagogischen Fachkräften und auch von Eltern diskutiert werden. Doch an dieser Stelle sei spätestens jetzt darauf hingewiesen, dass BILDUNG unter dieser Sichtweise ausschließlich wie eine Ware verstanden wird, die einem Konsumenten (dem Kind) nahegebracht werden soll. Dabei wird gleichzeitig der Begriff „Bildung" mit dem Wort „Wissenserweiterung" (= kognitive Kompetenz) gleichgeschaltet. Und hier beginnt der Kreislauf eines **tradierten Bildungsbegriffes** zu wirken, der allerdings – aus fachlicher Sicht betrachtet – eine tatsächlich notwendige „Bildungsoffensive" wiederum zum Scheitern verurteilen wird.

BILDUNG beginnt immer mit der Selbstbildung

Demgegenüber kann aber Bildung nur dann geschehen, wo Erwachsene die **für Kinder formulierten Ziele zunächst immer zu eigenen Zielsetzungen erklären,** getreu dem Motto: „Nur was ich selbst begreife und als ein eigenes Lernziel für mich erkenne, ist ggf. dazu geeignet, als Zielsetzung für Kinder und deren Bildungsprozess tauglich zu sein." **Bildung** ist daher vor allem **eine selbstverantwortliche Aufgabe** und beginnt stets mit Selbstbildung. Konkret, auf den Punkt gebracht, könnte dies im Einzelnen bedeuten: BILDUNGSARBEIT im Kindergarten beginnt immer erst dort, wo elementarpädagogische Fachkräfte selbst Freude daran haben, immer wieder neues Wissen zu erwerben, vertiefende Kenntnisse über bisher unbekannte Dinge zu gewinnen, Lernherausforderungen ganz aktiv (auf-)suchen und dabei bisher völlig brachliegende Handlungskompetenzen aufbauen bzw. erweitern, Konfliktkompetenzen erwerben, um vorurteilsfrei, offen und neugierig schwierige Situationen zu meistern, Interesse an der eigenen Lern- und Lebensgeschichte und der anderer Menschen zeigen, bisher verborgene Talente entdecken und neu nutzen, weltoffen auf alles Unbekannte zugehen und sich immer wieder selbst motivieren, um Leistungsfähigkeit unter

Beweis zu stellen oder mit Engagement und Risikofähigkeit, Perspektivorientierung und Freude die Welt humaner mitgestalten. So ist die besondere **berufliche IDENTITÄT** einer Fachkraft stets mit ihrer **persönlichen BILDUNGSIDENTITÄT und BILDUNGSQUALITÄT auf das Engste verknüpft.** Die persönliche und berufliche Identität entwickelt sich im (selbst-)kritischen Umgang mit den eigenen, fremden und arbeitsfeldspezifischen Anforderungen, die mit dem Berufsbild der Erzieher/-in stark verbunden sind. So geht es beispielsweise darum, immer wieder **selbstreflexiv** die eigene Lebensgeschichte, das konkrete Verhalten mit dem konkreten Alltagsgeschehen vor Ort zu vernetzen, um festzustellen, welche Handlungsmomente konstruktiv und welche destruktiv waren/sind. Dazu gehört unter anderem eine ausgebaute Dialogfähigkeit, um mit sich in den unterschiedlichsten Lebens- und Arbeitssituationen in Selbstbetrachtungen und -verhandlungen einzutreten. Hier heißt es dann, lebendige Entwicklungsfelder zu entdecken, Entwicklungschancen zu nutzen und Fehlentwicklungen durch neue Handlungsstrategien zu ersetzen. In einem immer wiederkehrenden **Klärungsprozess** müssen unterschiedliche Erwartungen und Anforderungen, die man selbst an sich (zu haben) hat und die von außen kommen, auf ihre fachliche Existenzberechtigung hin überprüft werden. Es müssen Widersprüche entdeckt und geklärt, rigide Verhaltensmuster entdeckt und verändert, Auseinandersetzungen mit sich und anderen geführt, Stellung bezogen, Entscheidungen mitgetragen bzw. korrigiert bzw. durchgehalten, Selbstaktivität gezeigt, Standpunkte fachlich begründet vertreten, Lernmöglichkeiten gesucht, Selbstverantwortung übernommen und neue Handlungsstrategien ausprobiert werden. Weiterhin geht es darum, **persönliche Meinungen in Fachargumente zu wandeln,** Vermutungen und Vorurteile zurückzustellen und stattdessen Wahrnehmungsoffenheit für Realitäten zu entwickeln, Lernanregungen selbst zu bemerken und Lernräume für sich zu gestalten und Handlungsalternativen für die Situationen zu finden, die auf bisher bekannten Möglichkeiten im Sinne einer tatsächlichen Lösung nicht ausreichten.

Wertehaltungen und Werteorientierung

> *„In dieser Zeit: Wir haben größere Häuser aber kleinere Innenräume in uns selbst, eine immer größere Bequemlichkeit, aber weniger Zeit. Mehr Wissen, aber weniger Sicht für das Wesentliche. Mehr Experten, aber größere Schwierigkeiten. Ständig mehr Erfahrungen, aber weniger Bildung. Viele Informationen, aber immer weniger gelebte Interaktionskultur. Wir rasen durch die Zeit, regen uns über vieles zu sehr auf, lesen zu wenig, sehen zu viel fern und tun Dinge, die wenig selbsterfahrungsorientiert und entwicklungsförderlich sind. Wir wissen, wie man den eigenen Lebensunterhalt verdient – aber nicht, wie man lebt. Wir haben dem Leben Jahre hinzugefügt aber nicht den Jahren Leben. Wir kommen zum Mond und zum Mars, aber nicht mehr zum Bewohner nebenan. Wir haben den Weltraum erobert, aber nicht den Raum in uns. Wir können Atome spalten, aber nicht unsere Vorurteile und die Art der Oberflächlichkeiten, zurückliegende und gegenwärtige Dinge der Welt zu betrachten, zu verstehen und vor allem zu verändern."*
>
> ***unbekannter Autor***

In vielen Wörtern unserer Sprache kommt das Wort „Wert" vor. Schnell überliest oder überhört man ihre Bedeutung. So „verwerten" wir unterschiedliche Informationen, sehen bestimmte Dinge als „wertlos" oder „wertvoll" an, „bewerten" persönliche Erfahrungen oder Ereignisse um uns herum, betrachten „wertbeständige" Güter entweder als besonders gut oder lehnen sie aufgrund eines persönlichen „Werturteils" ab, nehmen nach einer erfolgten Arbeit eine mehr oder weniger intensive „Auswertung" vor, investieren in bestimmte „Wertanlagen" oder ernähren uns mit „Vollwertkost", sammeln bestimmte Abfälle unseres Haushalts in einer „Wertstofftonne" oder erhalten für eine bestimmte Summe Geld einen „Gegenwert". Diese kleine Aufzählung von „Wertbegriffen" macht deutlich, wie tief verwurzelt das Wort „Wert" in unserem Sprach- und Handlungsspektrum eine „Wertigkeit" besitzt.

Um bei der Frage nach der Entstehung und Bildung von werteorientierten Haltungen an eine Antwort zu gelangen, ist es hilfreich, sich zunächst der Begriffsbedeutung der „Werte" zu widmen. Dabei scheinen durchaus Verbindungen zwischen den Aussagen „Bildung von Werten" und „Bildung als Werteorientierung" zu bestehen, wenn man sich erneut einer sehr beachtenswerten Begriffsdefinition des Wortes „Bildung" zuwendet (Brockhaus, 1960). Dort heißt es:

„Bildung ist die (bewusste) Entwicklung der Anlagen des Menschen mit Hilfe der Erziehung und des eigenen Strebens zur innerlichen Erfassung der religiösen, sittlichen, künstlerischen und wissenschaftlichen Werte."

Auch hier sind mehrere Aspekte beachtenswert, geht es doch darum, auch in der Ausgangssituation des Selbstverständnisses einer **„Bildung von Anfang an"** genau den Kern einer Grundsatzbetrachtung und Grundlagenorientierung zu treffen.

Wenden wir uns daher dieser Definition einmal genauer zu:

Eine **Bildung von Werten** sowie die Existenz einer Bildung als Werteorientierung existiert nicht von Anfang an – sie ist weder genetisch programmiert noch anlagebedingt existent. Vielmehr ergibt sich eine Bildung aus bzw. von Werten durch eine ENTWICKLUNG.

Eine Bildungs- und Werteentwicklung umfasst offensichtlich zwei Aspekte, durch die sie selbst entstehen kann: Zum einen ist es möglich, sie selbst bewusst zu initiieren und damit zu steuern, zum anderen geschieht sie auch unterbewusst (nebenbei) durch bestimmte Erlebnisse, Erfahrungen und Eindrücke, denen der Mensch im Laufe seiner Biografie ausgesetzt ist.

- Bildung umfasst die Entwicklung menschlicher Anlagen. (Wenn nach aktueller entwicklungspsychologischer Sicht und aufgrund des heutigen Wissensstandes davon ausgegangen werden kann, dass mit dem Begriff „Anlage“ „die genetische Ausstattung eines Menschen“ gemeint ist und diese wiederum das „vorhandene Entwicklungspotenzial“ umfasst, so handelt es sich hierbei also um die „Möglichkeiten zur Verwirklichung von Fähigkeiten, die als „Werdemöglichkeiten“ verstanden werden und durch entsprechende Umfeldeinflüsse entfaltet werden müssen. In: Hobmair, H., 2005, S. 17)

- **Bildung geschieht durch zwei Einflusspotenziale** – zum einen durch das weite Feld der Erziehung, die sich in direkter und indirekter Form auf die Bildungsorientierung und die Bildungspotenzen des Menschen auswirken. Zum anderen bleibt die Erziehung „in Sachen Bildung“ unwirksam, wenn nicht auch der Mensch selbst aktiv in eine Bildungsentwicklung (im Sinne der Selbstbildung) eintritt.

- Bildung konzentriert sich in erster Linie auf die „Erfassung von Werten“, wobei mit „Werten“, „Einstellungen, Einschätzungen, Sichtweisen“ gemeint sind (im Unterschied zur Wissensaneignung und der Erweiterung einer kognitiven Kompetenz!).

- Bildung als Werteerfassung ist nur dann **im Sinne einer Nachhaltigkeit** „gelungen“, wenn persönliche „Einstellungen, Einschätzungen und Sichtweisen“ auch tatsächlich „verinnerlicht“ sind und damit zu konstanten Persönlichkeitsmerkmalen werden konnten bzw. geworden sind.

- Bildung umfasst **vier „Wertearten“**: religiöse, sittliche, künstlerische und wissenschaftliche Werte. Dabei versteht es sich von selbst, dass religiöse Werte selbstverständlich *nicht* mit kirchlich geprägten Dogmen gleichgesetzt werden dürfen/können und der Begriff „sittlich" durch die Wortbezeichnung „ethisch" ersetzt werden kann.

So stellt sich immer mehr die Frage, was im konkreten Fall unter einer *Wertebildung* verstanden werden kann. Zur Verdeutlichung soll daher an dieser Stelle eine (sicherlich nicht vollständige, aber mit grundlegenden Begriffen ausgestattete) Übersicht gegeben werden:

Wertearten und ihre inhaltlichen Schwerpunkte:

a) religiöse Werte

- Vergebung von Schuld: damit sich ein freundlicher Umgang mit anderen Menschen aufbauen und weiterentwickeln kann;
- Verzicht auf Hass oder Neid, damit programmierte Konflikte – zumeist als Konfliktverstärker aus vergangenen, immer noch existierenden Restkonflikten – in der Kommunikation überflüssig werden;
- Vorurteilsfreiheit: Akzeptanz anderer Menschen mit einem anderen kulturellen, religiösen, ethnischen oder biografischen Hintergrund;
- Verzicht auf persönliche Eitelkeiten;
- Verzicht auf egozentrische Sicht- und Verhaltensweisen, um im Umgang mit anderen Menschen sozial und verantwortungsvoll handeln zu können;
- Ehrlichkeit zur Grundlage des eigenen Lebens erklären, um mit der Zeit immer stärker und ausgeprägter zu einem „ungeschönten" Selbstbild zu finden und sich bzw. anderen

Menschen eine Kommunikation zu ermöglichen, die es nicht nötig hat, durch „verstellte" Aussagen zu „geschönten" Ergebnissen zu kommen;

- Materielle oder ideelle Güter teilen bzw. abgeben können, um andere Menschen am eigenen Glück bzw. an der eigenen Zufriedenheit teilhaben zu lassen;
- Soziales Engagement zeigen, um aktiv an einer humanen Welt mitzuarbeiten;
- Dankbarkeit zeigen, um nicht die ungezählten Glücksmomente des Lebens als Selbstverständlichkeit einzustufen und mit der Zeit gar nicht mehr wahrzunehmen;
- Gewaltlosigkeit zur inneren Einstellung erklären und gleichzeitig dafür sorgen, dass jede Form der Gewaltanwendung überflüssig bzw. vermieden wird.

b) sittliche Werte

- ein Gerechtigkeitsempfinden besitzen, um sich selbst vor einer Ausweitung des Egozentrismus zu schützen und gleichzeitig dafür zu sorgen, dass das unmittelbare Umfeld durch eine gerechte Kommunikation gekennzeichnet ist;
- Verantwortung für die Dinge im Leben übernehmen, die man selbst getan und die man selbst unterlassen hat;
- Zuverlässigkeit zeigen, um für andere Menschen einschätzbar zu sein;
- immer dann ein Zuständigkeitsempfinden spüren, wenn es darum geht, dass die eigene Person, der eigene Einsatz oder das selbstständige Handeln nötig und gefragt ist;
- Achtsamkeit im Umgang mit Menschen, Tieren und der Natur zeigen, um auf der einen Seite human geprägte,

verantwortungsvolle Beziehungen aufzubauen bzw. einen wertschätzenden Umgang pflegen zu können und auf der anderen Seite dafür Sorge zu tragen, dass nicht durch vorschnelle oder unüberlegte Handlungen Beziehungen gestört bzw. vorschnelle Entscheidungen destruktive Auswirkungen haben können;

- Freundlichkeit ausdrücken, um damit eine grundsätzliche Offenheit für Kommunikationsvorgänge zu ermöglichen;

c) künstlerische Werte

- Die eigenen Sprach- und Sprechfertigkeiten in der Form entwickeln, dass auf der einen Seite ein großer Wert auf eine sorgsame Wortwahl- und -nutzung gelegt und auf der anderen Seite eine klare, verständliche Unterhaltung gepflegt wird;
- Musik als einen wesentlichen Bestandteil der Kultur begreifen, sie erleben und selbst aktiv Musik machen;
- Interesse an Kunst, Kunstgeschichte, Stilepochen, Kunstrichtungen, Kunsttechniken und Kunstgegenständen zeigen, selbst Kunstgegenstände herstellen und dabei eigene Talente entdecken sowie mit Künstlern zusammenarbeiten;
- Fantasien im Umgang mit Materialien, Formen und Farben entwickeln und in entsprechenden Aktionen umsetzen;
- Gesang als eine wesentliche, eigene Ausdrucksform entdecken, nutzen und pflegen;

d) wissenschaftliche Werte

- Wahrnehmungsoffenheit für private und berufliche Herausforderungen im Alltag entdecken, um immer wieder neue Impulse für das eigene Denken und Handeln zu erhalten;

- Kreatives Denken und Handeln beherrschen, um bei neuartigen oder schwierigen Aufgabenstellungen und Problemen auch neuartige Lösungswege zu entwickeln;
- Eine differenzierte Wahrnehmung entwickeln, um immer wieder die vielfältigen, unterschiedlichen Aufgabenstellungen sorgsam betrachten zu können;
- Hintergründe für Gegebenheiten suchen und erkennen, um Sinnverbindungen und kausale Vernetzungen zu identifizieren;
- Ein perspektivisches Denken entwickeln, um auch bei schwierigen Problemen oder Problemstellungen den Blick in Richtung Neuorientierung und „Machbarkeit" zu wenden;
- Thesen bei der Durchführung von schwierigen Aufgabenstellungen entwerfen, um diese dann durch eigene Erfahrung entweder zu verifizieren oder zu falsifizieren;
- Vergleiche anstellen zwischen den Ergebnissen eines früheren Handelns (und den erzielten „Erfolgen" bzw. „Misserfolgen") und den jetzigen Handlungsstrategien;
- Immer wieder auf neue Fragen stoßen, um die eigene Denkentwicklung zu fördern und die eigene Wissenskapazität kontinuierlich zu erweitern;
- Anstrengungsbereitschaft aufbringen, um auch schwierigere Aufgabenstellungen und Problembereiche erfolgreich angehen und meistern zu können;
- Selbstständig neue Aufgabenstellungen entdecken und diese unaufgefordert erledigen.

Werte sind dem Menschen dadurch hilfreich, dass in ihnen eine **handlungsleitende Orientierung** gesehen wird, um sich mit *persönlich bedeutsamen Maßstäben* im Leben zu bewegen und entsprechend werteorientiert mit sich und anderen, der gegenständlichen und naturgeprägten Welt umzugehen. Karl Stanjek nutzt dazu die Metapher (= das Bild) von Schiffen und Leuchttürmen. So, wie ein Leuchtturm für Schiffe eine Orientierung darstellt, so bieten Werte den Menschen einen Richtungsmaßstab für ihr Denken, Fühlen und Handeln. Werte tragen ihren **Bedeutungswert** in ihrer **Ausrichtung auf Ziele,** die für den einzelnen Menschen bedeutsam sind, sei es beispielsweise dass es darum geht, eigene Bedürfnisse oder Wünsche egozentristisch durchzusetzen oder stattdessen eigene Vorstellungen mit den Vorstellungen anderer Menschen abzuwägen.

In einer demokratischen Gesellschaft findet sich im Unterschied zu autoritären Staaten immer ein **Wertepluralismus.** Das bedeutet, dass es viele unterschiedliche Werte und Wertvorstellungen gibt, die zum Teil deckungsgleich sind, sich ergänzen oder auch widersprechen können. Bedeutsam ist allerdings in einer demokratisch-humanistisch geprägten Gesellschaft, dass Werte trotz ihrer Vielfalt und Gegensätzlichkeit zu einer grundsätzlich **respektvollen Umgangskultur** beitragen. Ein Blick in die heutige Zeit lässt immer wieder zwei Begriffe in den Vordergrund rücken. Zum einen ist vermehrt von einem *Werteverfall* die Rede, indem beispielsweise auf die Abnahme von fehlender Hilfsbereitschaft, Beziehungskälte zwischen den Menschen, Rücksichtslosigkeit im Umgang miteinander, Unfreundlichkeit, Ablehnung von Verantwortungsübernahme oder eine immer stärker ausgeprägte Konsumorientierung hingewiesen wird. Zum anderen hört man auch den Begriff der *Werteverschiebung.* Galten früher Werte wie Anpassungsfähigkeit an Gegebenheiten, Gehorsam, Bescheidenheit, Fleiß oder Pünktlichkeit als erstrebenswerte Einstellungen, gelten in der heutigen Zeit eher Selbstverwirklichung, Selbstentfaltung, Partizipation, Kritikfähigkeit, Durchsetzungsfähigkeit, Zivilcourage, Unabhängigkeit und Spaß haben als Werteleitende Maßstäbe. Eine **Bestandsaufnahme zum Bedeutungswert der einzelnen Werte ist dringend geboten,** zeigt sich doch, dass *nicht automatisch* alle „alten Werte“ wertlos und damit überflüssig zu sein scheinen und dass nicht alle „neuen Werte" wertvoll sind. Vielmehr leiten bedeutsame Werte ihren Bedeutungswert **immer** aus der Beantwortung der Frage ab, inwieweit sie für eine Stabilisierung bzw. Weiterentwicklung einer demokratischen Gesellschaft (im Großen betrachtet) und für eine humanistisch geprägte Umgangskultur (im Kleinen gesehen) hilfreich und notwendig sind. So zeigen uns viele Alltagsbeispiele, dass eine **„Spaßgesellschaft"** hauptsächlich einer **egozentristischen Wunschbefriedigung** nachgeht und damit sozialgeprägten Werten (z. B. Rücksichtnahme auf andere; Mitverantwortung für das Wohlergehen anderer; Aufgabenerfüllung im Dienste der Gemeinschaft ...) keine wesentliche Bedeutung beimisst. Peter Hahne, Autor des Bestsellers „Schluss mit lustig", schreibt dazu: „Die Suche nach dem Sinn des Lebens kommt auf und sie führt zum Ende des Spaßes. Die Spaßgesellschaft ist zwar das Ergebnis einer ökonomischen Entwicklung, einer explosiv steigenden Unterhaltungsindustrie, die sich nicht ohne weiteres und vor allem nicht freiwillig zurückdrehen lassen wird und will: Spaß machen ist ein ernstes Geschäft – und Spaß macht sich vor allem bezahlt. Dennoch scheint mir der Konkurrenzkampf zwischen Gottesdienst und Erlebnisbad, zwischen Sinnstiftern und Spaßmachern wieder völlig offen. Was wir heute brauchen, sind Menschen, die über einen Wertevorrat verfügen. Denn ohne ein Mindestmaß gemeinsamer Werte ist kein gesellschaftlicher Konsens mehr möglich. [...] Die Gesellschaft ist maßlos geworden. Wir haben Werte und Normen, Orientierungsmarken und Maßstäbe verloren. Das Maß wieder finden heißt ja nichts anderes als: zurück zu den Quellen, zu den Wurzeln." (2006, S. 7f.) Ein gleichzeitiger Blick in die jüngere Vergangenheit führt in diesem Zusammenhang zu dem bekannten Soziologen Max Weber (1864–1920), der schon damals eine Gesellschaft vorhersagte, die lediglich ein „seines religiös-ethischen Sinnes entkleidetes Erwerbsleben kennt". Er spricht von **Fachmenschen ohne Geist** und **Genussmenschen ohne Herz,** die sich einbilden, eine nie vorher erreichte Stufe des Menschentums erstiegen zu haben. Eine repräsentative Umfrage, die im Auftrag der Zeitschrift „FOCUS" durchgeführt wurde, ergab bei folgender Fragestellung folgendes Ergebnis: „Welche Tugenden werden für Deutschland in Zukunft von großer Bedeutung sein?" Von 1014 Befragten antworteten: Verantwortungs-/Pflichtbewusstsein 92 %, Zuverlässigkeit 91 %, Ehrlichkeit 88 %, Pünktlichkeit/Fleiß 87 %, Gründlichkeit 83 %, Ordnungssinn/Sauberkeit 79 % und Ehrgeiz 76 % (Oktober 2003).

Unter Berücksichtigung der Ausgangssituation, dass Werte als handlungsleitende Verhaltenskriterien dienlich sind, können diese auch als „Tugenden" (Sekundärwerte) bezeichnet werden, die sich stets aus „Grundwerten" (auch Primärwerte genannt) wie beispielsweise dem Recht auf Würde, dem Recht auf Leben, dem Recht auf Gleichheit und Meinungsfreiheit ableiten lassen. Ein altes orientalisches Märchen erzählt von den alten Göttern, die zu entscheiden versuchten, wo sie die Kraft des Weltalls am besten verstecken sollten, sodass der Mensch diese ungeheure Kraft nicht finden und zerstörerisch verwenden könne. Ein Gott sagte: „Lass sie uns auf dem höchsten Gipfel des Berges verstecken." Aber sie entschieden, dass der Mensch schließlich den höchsten Berg ersteigen und die große Kraft finden würde. Ein anderer Gott sagte: „Lass uns die Kraft des Weltalls auf dem Grund des Meeres verstecken." Wiederum entschieden sie, dass der Mensch auch die Tiefe der See erforschen würde. Ein dritter Gott schlug vor: „Lass uns die Kraft des Weltalls in der Mitte der Erde verstecken." Aber sie mutmaßten, dass der Mensch eines Tages auch diese Region erobern würde. Schließlich sagte der weiseste Gott der Götter: „Ich weiß, was zu tun ist. Lass uns die Kraft des Universums im Menschen selbst verstecken, in seinem Inneren. Er wird niemals daran denken, dort danach zu suchen."

Persönliche und berufliche Wertehaltungen im beruflichen Alltag

> *„Erziehung ist Liebe und Vorbild. Sonst nichts."*
>
> ***Pestalozzi***

Wertebildung wird demnach als eine **persönlichkeitsbildende und nachhaltige Entwicklung** angesehen, die sich in erster Linie auf emotional-soziale und handlungsorientierte Kompetenzen bezieht, ausgerichtet auf bedeutsame Einstellungen, Werte und Sichtweisen. Diese gilt es auf der Grundlage von **verinnerlichten Erkenntnissen** in eigene Entscheidungen und in das eigene Handeln einfließen zu lassen. Insofern muss dringend zwischen den Begrifflichkeiten „Qualifizierung" einerseits und „Bildungsentwicklung" andererseits unterschieden werden, ebenso wie zwischen den Begriffen „Wissenskompetenz" und „Wertebildung". Würde diese Differenzierung nicht vorgenommen werden, könnte aus gesellschaftspolitischer und allgemeinpädagogischer Sicht angenommen werden, die Pädagogik befinde sich zurzeit in einer „Bildungsoffensive". Genau das Gegenteil ist der Fall. Solange **Bildung als eine Art Ware, ein Konsumgut** angesehen wird, solange müssen zwangsläufig Kinder und Jugendliche als Bildungsempfänger und damit als entsprechend leere Gefäße betrachtet werden, die es mit entsprechenden „Bildungsmengen" unaufhörlich „zu füllen" gilt. Allerdings machen neurophysiologische und aktuelle entwicklungspsychologische Untersuchungen immer wieder deutlich, dass Bildungsprozesse **nicht** nach diesem Gedankenmodell einer **Warenvermittlung** funktionieren. *Es ist wissenschaftlich nicht haltbar* anzunehmen, Bildung im Sinne eines Werteaufbaus könne einem Menschen *„beigebracht, weitergegeben"* oder auf ihn *„übertragen werden"*. Nach wie vor wird eine Wertebildung in Personen nur dann initiiert, wenn sie aus ihrer subjektiven Sicht und Einschätzung heraus innerlich spüren, dass die Wahrnehmungsimpulse etwas mit ihrer eigenen Motivation, ihrer aktuellen Lebenssituation und ihrer personalen Neugierde zu tun haben – Kinder, Jugendliche und Erwachsene **müssen** immer wieder **einen Kontext erleben,** um Werte entdecken, aufbauen und stabilisieren zu können! Ihre bisherigen Vorerfahrungen machen es ihnen möglich, die neuen Sinneseindrücke und Erlebnisse miteinander zu vernetzen, die neuen Lernimpulse als bedeutsam zu decodieren und aufgrund zurückliegender Informationen einzuordnen. Damit ist der Mensch in der Lage, diese Informationen als sinnvoll zu erschließen, aufzunehmen und abzuspeichern.

> ***Kinderseele***
>
> *Wer bringt dem Kind das Lachen bei? Die Sonne, die Blumen. Wer bringt dem Kind das Singen bei? Die Vögel, wenn sie jubilieren. Wer bringt dem Kind das Staunen bei? Alle Dinge, die es sieht. Wer bringt dem Kind das Weinen bei? Die Menschen, wenn sie seine Seele verletzen. Nur eine Kinderseele ohne Narben kann herzlich lachen!*
>
> ***R. Timm***

Prof. Dr. Gerd E. Schäfer spricht in diesem Zusammenhang von einer **„Bildung aus erster Hand"** im Unterschied zu einer „Bildung aus zweiter Hand", mit dem im zweiten Fall ein Lernen als Übernahme von dem, was andere einem vorgeben, gemeint ist. Und schon in seiner Veröffentlichung von 1995 – also schon weit vor dem Beginn der PISA-Diskussion(!) – schreibt Schäfer: *„Bildung hat etwas mit Selbstständigkeit zu tun. Man kann nicht gebildet werden, bilden muss man sich selbst."* Und der Bildungsforscher H.-J. Laewen drückte sich auf einer Fachtagung in Potsdam am 27./28. 1. 1998 so aus: *„Das Kind ist also nicht auf Vermittlung in Form von Belehrung angewiesen, sondern strebt von sich aus nach Weltdeutung und Handlungskompetenz."*
Prof. Dr. Klaus Firlei (Universität Salzburg) bringt die gegenwärtige Bildungsarbeit konkret auf den Punkt, wenn er davon spricht, dass

zurzeit nach seiner Einschätzung der Bildungsarbeit „die Bildung zum Abschuss freigegeben ist" und „Sinn verkauft wird, wo keiner ist". Natürlich wäre es gut, wenn tatsächlich eine schon seit Jahren dringend überfällige **Bildungsrenaissance** auch in Kindertageseinrichtungen, ebenso wie in Familien, Schulen und anderen Institutionen Einzug halten würde. Dann kämen bedeutsame Aspekte einer Werteorientierung wie

- Freude am Entdecken neuer Erfahrungs- und Lernmöglichkeiten,
- Wertschätzung von Scharfsinn in der sorgsamen Betrachtung von Ereignissen,
- Konzentration auf das Wesentliche und Verabschiedung von Nebensächlichkeiten,
- Wertebildung als höchste Form einer verantwortungsvollen Lebensgestaltung,
- Liebe zur Ästhetik im Umgang mit sich, anderen Menschen, der Kunst und Kultur,
- die pure Freude an einer Selbstentwicklung und Entdeckung eigener Potenziale,
- Spiritualität in der Auseinandersetzung mit sich, der Welt, den Sinnfragen des Lebens und anderen Menschen,
- Respekt vor der Natur und staunen können über die vielfältigen Naturwunder,
- Entwicklung der eigenen Emotionalität und der Klarheit über die Möglichkeiten, Einfluss auf den Ausprägungsgrad der eigenen entwicklungsförderlichen oder entwicklungshinderlichen Gefühle haben zu können,
- ein tiefes Interesse an Geschichte, Kunst, Musik und Sprache

zu einer immer stärkeren Ausprägung.

> *Friedrich Georg Jünger bringt es auf den Punkt: „Was nicht in die Wurzeln gelangt, kommt auch nicht in die Krone."*

(Erinnert sei in diesem Zusammenhang an die erfolgreiche Bildungsarbeit der Schweden, wo mit dem „KUNSKAPENS TRÄD" – dem „BAUM DER ERKENNTNIS" – der Leitfaden für die elementar- und schulpädagogische Arbeit in Form eines Baumes dargestellt ist. Die **Wurzeln** und der untere Stammbereich zeigen die Lernbereiche und -ziele für den Elementarbereich. Die Ziele und Lernbereiche der anschließenden neun Schuljahre befinden sich im oberen Stamm- und im Baumkronenbereich als **Folge eines starken Wurzelwerkes!**). Der ehemalige Bundespräsident Johannes Rau hat es schon auf seiner Rede auf dem ersten großen Kongress des Forums Bildung „Wissen schafft Zukunft" am 14.7.2000 in Berlin so treffend formuliert:

> *„Wir sollten deshalb Bildung wieder stärker ganzheitlich verstehen. In der Bildung vergewissern wir uns unserer selbst und finden unsere Identität. [...] Zur Bildung gehören die Vorstellungen und Einstellungen, die Fähigkeiten und Gewohnheiten, die es dem Menschen ermöglichen, die Welt selbst bestimmt und verantwortlich zu gestalten.* ***Bildung ist etwas anderes als Wissen.*** *Wissen lässt sich büffeln, aber Begreifen braucht Zeit und Erfahrung. [...] Selbständig und frei denken zu lernen (darauf kommt es an. AK) [...]* ***Wer nicht denken gelernt hat, der kann diesen Mangel durch noch so viele Informationen nicht ersetzen****. Denken und Verstehen: Das hat zu tun mit dem ganzen Menschen, mit Leib und Seele, mit Herz und Verstand. Denken und Verstehen: Das hat zu tun mit analytischen Fähigkeiten und Fantasie, mit Einfühlungsvermögen und mit der Fähigkeit, sich neue Wege zu erschließen ..."*

Konsequenzen für die Praxis

> *„Wir finden unsere größten Chancen und Gelegenheiten zu wachsen jenseits unserer Bequemlichkeitsbremse."*
>
> **Neale Donald Walsch**

Ein solches Verständnis von Wertebildung hat außergewöhnlich viele Konsequenzen. Vor allem die, dass in verstärktem Maße Eltern, Einrichtungsträger und politische Mandatsträger, elementarpädagogische Fachkräfte ebenso wie viele Fachberater/-innen und Fachschullehrer/-innen einen deutlichen, teilweise **radikalen Perspektivwechsel** vornehmen (müssen), um einem wissenschaftlich haltbaren und gleichzeitig **kindorientiertem Bildungsverständnis** im Sinne einer *Wertebildung* Raum zu bieten. Dazu gehört allerdings auch, dass erwachsene Personen (Eltern und Fachkräfte) *sich selbst* als die ausschlaggebende, **personidentifizierte Bildungsdidaktik** verstehen, einer tiefen **Bindungsqualität** zu Kindern eine hohe Priorität einräumen, sich selbst als **Modell für Bildungsprozesse** offenbaren und die **Kinder als Bildungssubjekte** in einer immer stärker bildungsreduzierteren Welt wertschätzen. Wertebildung ist damit a priori zunächst immer als eine bedeutsame Herausforderung für alle Fachkräfte zu verstehen unter dem Anspruch, dass Wertebildung zunächst immer als Selbstbildungsaufgabe der Erzieher/-innen zu verstehen ist. „*Werte*", so schreibt Elke Leger, „*die wir unseren Kindern mitgeben wollen, dürfen nicht auf kaltem Wege vermittelt werden, sondern verlangen die Beteiligung unseres Herzens. Wer seinen Kindern soziale Spielregeln beibringen möchte, muss sie vorleben, im ganz normalen Alltag, darf nicht verletzt oder enttäuscht sein, wenn das Kind erst langsam hineinwachsen muss in sein soziales Umfeld und sich manchmal so verhält, dass wir entsetzt sind. Denn so wie das Kind lernen musste zu laufen, zu sprechen und die Gummistiefel richtig herum anzuziehen, so muss es auch lernen, mit anderen Menschen zurecht zu kommen durch unser Vorbild.*" (2003, S. 12)

Eine Wertebildung kann nur dann geschehen und muss daher darauf ausgerichtet sein, dass Kinder und Jugendliche

- Sicherheit, Geborgenheit und Verlässlichkeit in Beziehungen zu Erwachsenen erleben und damit Zutrauen zu sich selbst und anderen Menschen aufbauen können,
- ohne Angst, Unter- oder Überforderung in Entwicklungsprozesse hineinfinden,
- sich und ihr Umfeld sinnvoll und reichhaltig erfahren und begreifen können,
- Selbstständigkeit und Unabhängigkeit von klein an entwickeln können,
- bei der Suche nach ihrer eigenen, unverwechselbaren Identität auf viele Sinnfragen stoßen (können) und in Erwachsenen Partner/-innen finden, die gemeinsam mit ihnen auf die spannende Suche nach Antworten gehen,
- auf Grenzen stoßen und die Möglichkeit haben, Grenzsetzungen zu hinterfragen, Grenzen überwinden zu lernen und auch bereit sind, notwendige Grenzen zu akzeptieren.

Eine Wertebildung wird dann erreicht, wenn die Nichtexistenz, der Verlust oder die unvollkommenen Ansätze einer Innerlichkeit in einer werteorientierten Pädagogik aufgenommen werden und als eine erfahrbare Realität erlebt werden dürfen. Dazu sind in der Praxis allerdings immer wieder **Reflexion und Selbsterfahrung** notwendig.

> *„Man will Sicherheiten*
> *und keine Zweifel,*
> *man will Resultate*
> *und keine Experimente,*
> *ohne darauf zu achten*
> *dass nur durch Zweifel Sicherheiten*
> *und nur durch Experimente*
> *Resultate entstehen können."*
>
> **Carl Gustav Jung**

Werte leiten sich aus ihrer kommunikationsförderlichen und damit letztlich auch einer gesellschaftsförderlichen Bedeutung ab und können sich nur dort entwickeln, wo Erzieher/-innen die Bedeutung von Werten selbst erfassen, wertschätzen und auf ihr eigenes Leben übertragen.

> *„Bildung beginnt dort, wo man sich selbst an die Hand nimmt."*
>
> **Prof. Dr. Andreas Gruschka**

Literatur

Baaden, A. (2003): Bildung für morgen. Forum Caritas München (Hrsg.): Nachhaltigkeit als Prinzip für die Zukunft. S. 105ff. München: Don Bosco

Baumert, J. et al. (2002).: PISA 2000. Basiskompetenzen von Schülerinnen und Schülern im internationalen Vergleich. Opladen: Leske + Budrich

Berger, M. & Berger, L. (o. J.): Der Baum der Erkenntnis für Kinder und Jugendliche im Alter von 1-16 Jahren. Bremen: Selbstverlag

Bredwow, R. (2005): Bildung „Wie weinen Krokodile?" In: Der Spiegel, Heft 15, S. 142ff.

Brockhaus,F. A. (Hrsg.) (1960): Brockhaus. Wiesbaden: Bibliographisches Institut Mannheim/Wien/Zürich

Deutsche UNESCO-Kommission (Hrsg.) (1997): Lernfähigkeit – unser verborgener Reichtum. UNESCO-Bericht zur Bildung für das 21. Jahrhundert. Berlin („Delors-Bericht")

Gruschka, A. (1998): Kinder stärken, Dinge klären. Die Erziehung der Erzieher. In: Welt des Kindes, Heft 4, S. 6–11

Hüther, G. (2005). Die Macht der inneren Bilder. Wie Visionen das Gehirn, den Menschen und die Welt verändern. Göttingen: Vandenhoek & Ruprecht

Hobmair, H. (Hrsg.) 2005: Pädagogik/Psychologie. Band 2. Troisdorf: Bildungsverlag EINS

Holt, J. (2003): Wie kleine Kinder schlau werden. Selbständiges Lernen im Alltag. Weinheim: Beltz

Krenz, A. (Hrsg.) (2007): Psychologie für Erzieherinnen und Erzieher. Grundlagen für die Praxis. Berlin/Mannheim: Cornelsen Verlag Scriptor

Krenz, A. (2007): Werteentwicklung in der frühkindlichen Bildung und Erziehung. Berlin/Mannheim: Cornelsen Verlag Scriptor

Krenz, A. (2007): Was Kinder brauchen. Aktive Entwicklungsbegleitung im Kindergarten. Berlin/Mannheim: Cornelsen Verlag Scriptor

Leger, E. (2003): Wie Kinder Werte lernen. Freiburg: Herder

Rau, J. (2004): Den ganzen Menschen bilden – wider den Nützlichkeitszwang. Weinheim: Beltz

Schäfer, G. E. (2005): Bildungsprozesse in der frühen Kindheit. Bildung ist keine Ware. In: Sozialextra, Heft 1, S. 6ff.

Schäfer, G. E. (2004): Bildung: Ein Begriff – viele Bedeutungen. In: Welt des Kindes. Heft 2, S. 22ff.

Senckel, B. (2004): „Bildung" – zur Aktualität eines „veralterten" Begriffs. In: Unsere Jugend, Heft 12, S. 504ff.

Bindung als Voraussetzung für Bildung

Die Persönlichkeit der Erzieher/-innen und ihre Bedeutung im Bildungsprozess der Kinder

Einleitung

Elementarpädagogische Bildungsarbeit vollzieht sich nur in Form eines sehr engen Bindungsgeschehens zwischen Menschen! **Bildungsarbeit ist Bindungserleben,** getragen von Nähe, Aufmerksamkeit, Zuneigung, Interesse, Staunen, Neugierde und Zutrauen. Virginia Satir, die große Familientherapeutin, sagte einmal:

„Ich glaube daran, dass das größte Geschenk, das ich von jemandem empfangen kann, ist, gesehen, gehört, verstanden und berührt zu werden! Das größte Geschenk, das ich geben kann, ist, den anderen zu sehen, zu hören, zu verstehen und zu berühren. Wenn dies geschieht, entsteht Kontakt." Dabei ist es immer wieder der zwischenmenschliche Kontakt, der Kinder, Jugendliche und Erwachsene motiviert, Kontakt zu sich selbst herzustellen. Wenn dies gelingt, ist der erste Schritt zur Selbstbildung getan.

Bildungsziel: Entdeckung der Lebensfreude und Lebenskunst

Wilhelm Schmid, der als Privatdozent an der Universität Erfurt lehrt, schreibt: *„Ein früher Akt der Sorge ist der erste Schrei, eine erste Selbstbehauptung, aber das Kind bleibt noch abhängig von der Fürsorge anderer, ohne die es nicht leben könnte.[...] Wie immer der Weg der Kindheit und des Heranwachsenden verläuft, es geht darum, den Umgang mit sich selbst zu erlernen und zur Sorge für sich selbst in der Lage zu sein, soll das eigene Lernen nicht von anderen abhängig bleiben. Nur über die Selbstsorge wird das Leben zu einem eigenen, und nur dort, wo es Selbstaneignung gibt, kann es Selbstverantwortung geben. Sich um sich zu kümmern und doch nicht die Unbekümmertheit dabei zu verlieren – das stellt das dynamische Zentrum der kindlichen Lebenskunst dar ..."* (2003, S. 40) Wenn der Frage nachgegangen wird, was mit dem Begriff einer „dynamischen Lebenskunst" gemeint sein kann, so ergeben sich u. a. folgende Antworten:

- gegenwärtige, positive Erlebnisse in all ihrer Vielschichtigkeit genießen zu können;
- immer wieder über eigene Entwicklungen und Stärken staunen zu können;
- mit Offenheit, Interesse und Neugierde die Herausforderungen des Alltags zu suchen und sich ihnen mit Engagement zu stellen;
- alte, lebenseinengende Fühl-, Denk- und Handlungsmuster zu erkennen und sich von diesen lösen zu können;
- Zusammenhänge von Ereignissen erkennen und herstellen zu können, um aus der Erkenntnis heraus neue Handlungsstrategien zur Lösung von Problemen zu entdecken;
- neue, unbekannte Spielräume im Rahmen eigener Verhaltensvielfalten zu entwickeln;
- alte, bis weit in die Vergangenheit zurückliegende „Geschichten" zu klären, um aus belastenden Verstrickungen herauszufinden;
- in möglichst vielen bedeutsamen Situationen identisch mit sich umgehen zu können und sich selbst zu sagen: „Wie schön, dass ich geboren bin, dem Leben schenk' ich einen Sinn."

Die Macht der Gefühle

Über viele Jahrhunderte sahen Wissenschaftler/-innen aus unterschiedlichen Fachdisziplinen (auch der Psychologie) ebenso wie Laien die „Rationalität und Intelligenz des Menschen" als die „Perle der

Schöpfung" an. Das hat sich inzwischen durch vielfältige Untersuchungen relativiert, ist doch demgegenüber bekannt, dass stets vor allen kognitiven Prozessen und Handlungsimpulsen die *Emotionen* die entscheidenden Impulse dafür geben, in welche Richtung gedacht und wie gehandelt wird. Es ist die „Macht der Gefühle" (Ochmann, 2003), die unser Leben steuert, und inzwischen haben führende Hirnspezialisten den Beweis dafür vorgelegt, wie Emotionen das gesamte Leben bestimmen. Dabei sei vor allem auf den in Iowa City lehrenden Professor für Neurowissenschaften, Antonio Damasio, den in New York lehrenden Joseph LeDoux, der einer der wichtigsten Erforscher der Amygdala (= des evolutionsgeschichtlich uralten Hirnteils, der einen zentralen Einfluss auf das Gefühlsleben des Menschen hat) ist, und einen der führenden deutschen Hirnforscher, Gerhard Roth, hingewiesen.

Bindungen provozieren Bildungs- und Entwicklungswünsche

In Anbetracht dieser für die Pädagogik und Psychologie außergewöhnlich bedeutsamen Erkenntnisse sind die Ergebnisse der Bindungsforschung eng mit diesen vernetzt und besitzen für Erzieher/-innen einen besonders hohen Bedeutungswert. Einfach ausgedrückt heißt das: Eine liebevolle, vertrauensvolle und verlässliche Bindung, die Kinder in ihren ersten (und auch weiteren) Lebensjahren mit ihren Eltern sowie anderen Erwachsenen erfahren, ist die Grundlage die Entstehung der oben genannten **„Lebenskunst des Menschen"** und gleichzeitig die Basis für ein tiefes Selbstvertrauen, Unabhängigkeit und Selbstständigkeit. Um mit den Worten der renommierten Erziehungsstilforscherin Diana Baumrind zu sprechen: „Kinder brauchen *erst* Wurzeln, *dann* Flügel." Nur durch eine tief erlebte Geborgenheit und Annahme sind Kinder in der Lage, ihre **‚Lebenswurzeln' in Form von Sicherheit und Lebensfreude** zu entwickeln und gleichzeitig vor einer Reihe seelischer Irritationen und lebenseinschränkender Ängste geschützt. So vielfältig die Verhaltensirritationen bei Kindern und Jugendlichen ausgeprägt sind – vor allem Ängste, gewaltbereites Handeln, aggressives Verhalten, Anstrengungsvermeidungsverhalten, oppositionelles Widerstandsverhalten gegenüber Anforderungen oder eine generelle Antriebslosigkeit –, so deutlich haben unterschiedliche, epidemiologische Studien unter Beweis gestellt, dass diese und weitere problematische Verhaltensweisen häufig direkt oder indirekt auf **fehlende Bindungserfahrungen** zurückgeführt werden können (vgl. Grossmann, K. und Grossmann, K. E., 2004). So kommt immer wieder zum Ausdruck, dass eine als sicher erlebte Bindung ein wesentlicher *Schutzfaktor gegen seelische Irritationen* ist.

Bindungsverluste schwächen Körper, Geist und Seele

In der Bindungstheorie, die sich mit der emotionalen Entwicklung des Menschen und dabei insbesondere mit den emotionalen Folgewirkungen, die sich aus unbefriedigten Bindungserfahrungen ableiten lassen, beschäftigt, wird dabei grundsätzlich von **drei Bindungsarten** gesprochen. Zum einen geht es um die „sichere Bindung" – hier erleben Kinder und Jugendliche vor allem Verbundenheit, Nähe, Zärtlichkeit, Fürsorge und Schutz (vgl. Holmes, 2002). Bei der „unsicher-ambivalenten (= präokkupierten) Bindung" verspüren Kinder eine permanente Angst davor, dass sie verlassen werden (könnten). Diese Angst entsteht durch Erfahrungen, indem sich Bezugspersonen häufig ambivalent verhalten: Zum einen zeigen sie von Zeit zu Zeit einfühlende Verhaltensweisen und zum anderen drücken sie auch stark ablehnende körpersprachliche und verbale Abwehr aus. Eine Auswirkung zeigt sich beispielsweise dadurch, wenn Kinder unbedingt auf den Arm genommen werden wollen und schon nach kürzester Zeit wieder auf den Boden gesetzt werden möchten. Oder das Klammern lässt sich in der Regel auf eine solche Bindungserfahrung zurückführen. Schließlich gibt es die „unsicher-vermeidende

(= distanzierende) Bindung. Dabei verhalten sich die Kinder und Jugendlichen häufig verschlossen, zurückhaltend und abwartend und bringen oftmals ihre **Verlassenheitsängste** den Erwachsenen gegenüber *nicht* zum Ausdruck aus erneuter Angst, ein weiteres Mal ab- oder zurückgewiesen zu werden.

Grundannahmen und damit Ausgangspunkte für Bildungsprozesse

In der Bindungstheorie, die ein „umfassendes Konzept für die Persönlichkeitsentwicklung des Menschen als Folge seiner sozialen Erfahrungen" darstellt (Ainsworth und Bowlby, 2003, in: Grossmann, K. und Grossmann, K.E. 2004, S. 65), gibt es **fünf Postulate (=Grundannahmen):**

„1.) Für die seelische Gesundheit des sich entwickelnden Kindes ist kontinuierliche und feinfühlige Fürsorge von herausragender Bedeutung.

2.) Es besteht die biologische Notwendigkeit, mindestens eine Bindung aufzubauen, deren Funktion es ist, Sicherheit zu geben und gegen Stress zu schützen. Eine Bindung wird zu einer erwachsenen Person aufgebaut, die als stärker und weiser empfunden wird, sodass sie Schutz und Versorgung gewährleisten kann. Das Verhaltenssystem, das der Bindung dient, existiert gleichrangig und nicht etwa nachgeordnet mit den Verhaltenssystemen, die der Ernährung, der Sexualität und der Aggression dienen.

3.) Eine Bindungsbeziehung unterscheidet sich von anderen Beziehungen darin, dass bei Angst das Bindungsverhaltenssystem aktiviert und die Nähe der Bindungsperson aufgesucht wird, wobei Erkundungsverhalten aufhört (das Explorationsverhaltenssystem wird deaktiviert). Andererseits hört bei Wohlbefinden die Aktivität des Bindungsverhaltenssystems auf und Erkundungen sowie Spiel setzen wieder ein.

4.) Individuelle Unterschiede in Qualitäten von Bindungen kann man an dem Ausmaß unterscheiden, in dem sie Sicherheit vermitteln.

5.) Mithilfe der kognitiven Psychologie erklärt die Bindungstheorie, wie früh erlebte Bindungserfahrungen geistig verarbeitet und zu inneren Modellvorstellungen (Arbeitsmodellen) von sich und anderen werden."

(Grossmann, K. und Grossmann, K. E., 2004, S. 67f.)

Bindung kann durchaus als ein **imaginäres Band** verstanden werden, das zwei Personen verbindet und das dabei selbst in **angenehmen Gefühlen** verankert ist – als ein Erlebnis über einen längeren Zeitraum hinweg (vgl. Ainsworth, 1979). Da sich Bindung erst im Laufe des ersten Lebensjahres eines Kindes entwickelt (Ainsworth, 2003) werden Kinder im Laufe ihrer Entwicklung mehrere Bindungspartner suchen. Dabei nimmt gleichzeitig jedes Kind eine „innere Hierarchie der Bindungspersonen" vor, und je mehr sich ein Kind verlassen oder geängstigt fühlt, desto intensiver sucht es die apriorierte Bindungsperson.

Sichere Bindungserfahrungen machen Kinder stabil und lernaktiv

Kennzeichen einer **sicheren Bindung** kommen vor allem dadurch zum Ausdruck, dass Kinder

- die Bindungsperson als einen „grundsätzlich sicheren Hafen" erleben, den sie bei Verunsicherungen, Ängsten und Verlassenheitsgefühlen gerne, freiwillig und selbstmotiviert aufsuchen,
- durch die Verhaltensweisen der Bindungspersonen Sicherheit und Hilfe erleben dürfen,
- bei Sorgen, Kummer und Trennung die Nähe zu ihrer Bindungsperson suchen,

- schon sehr früh durch intensive Bindungserfahrungen immer weniger auf Bindungserlebnisse angewiesen sind und sich mit einem Gefühl der inneren Grundsicherheit auf die „Erkundung der großen, weiten Welt" einlassen und ihrem innewohnenden Forscherdrang nachgehen,
- motiviert und freiwillig über ihre Gefühle berichten und dabei emotionale Belastungen ebenso „ungehemmt und unkontrolliert" zum Ausdruck bringen wie Augenblicke der Freude und des tiefen Glücksempfindens.

> *„Im Grunde sind es immer die Verbindungen mit Menschen, die dem Leben seinen Wert geben."*
>
> ***Wilhelm von Humboldt***

Bindungserfahrungen, so formuliert es Prof. Dr. Gerhard Suess so treffend, *„bereiten die Bühne für die Erfahrungswelt [...]. Kinder werden durch die frühen Bindungserfahrungen gleichsam auf ein Gleis gestellt, von dessen Verlauf abhängig sie zunehmend unterschiedliche Erfahrungen sammeln. [...] Neben einer den Bindungsbedürfnissen der Kinder angemessenen Gestaltung des Übergangs in den Kindergarten rückt vor allem die Rolle von Erzieher/-innen in den Mittelpunkt unseres Interesses, die [...] auf jeden Fall [...]/zu wichtigen Beziehungspartnern zu Kindern werden. Auf sie werden Kinder ihr bisher entwickeltes Weltbild anwenden und dabei Gefühle und Reaktionstendenzen bei den Erzieher/-innen auslösen, die wiederum dazu angelegt sind, die Weltbilder der Kinder zu bestätigen. Hier besteht die Gefahr, dass sich negative Auswirkungen hochunsicherer Bindungen im Alltag durchsetzen. Erzieher/-innen sollten deshalb über diese Prozesse informiert sein, um schließlich ihre Gefühle und Reaktionstendenzen kritisch reflektieren und versuchen zu können, der Sogwirkung unsicherer Bindungen zu widerstehen." (2006, S. 2)*

Kinder brauchen mehr und mehr Bindungserfahrungen

Wenn Bindungserfahrungen bei Kindern (und Jugendlichen) vor allem ein **Gefühl der tiefen Geborgenheit** auslösen und gleichzeitig eine **Schutzfunktion** gegen Über- und Unterforderungen, Kränkungen und Hoffnungslosigkeit, Verlassenheitsängste und Ohnmachtsgefühle bilden, dann kann die Ausgangsthese des schwedischen Kindergarten- und Schulcurriculums nur mit großer Zustimmung aufgenommen werden: **„Bildung geschieht nur durch Bindung."** Die pädagogische Praxis zeigt allerdings immer wieder und immer stärker, dass zwar den Ergebnissen der Bindungsforschung in Deutschland eine „durchaus hohe theoretische Bedeutung" beigemessen wird, **Bindungserfahrungen** aber in der Praxis in der beschriebenen Ganzheit und in ihrer Ausprägungstiefe **häufig nicht wirklich** von Kindern erlebt werden. Das muss sich ändern, um gerade aus den PISA-Ergebnissen die vollständigen(!) Konsequenzen abzuleiten und in der deutschen Pädagogik zu berücksichtigen. Im Gegensatz dazu wird die aktuelle Bildungspädagogik völlig anders gestaltet: belehrend statt erfahrungsorientiert, hierarchisch vermittelnd statt gemeinsam erkundend und funktionalisiert statt alltagsorientiert. Kinder brauchen liebenswerte Mitforscher/-innen, geduldige und staunende Mitspieler/-innen sowie selbsterfahrungsorientierte Akteure, die mit ihnen den Geheimnissen der Welt auf die Spur kommen wollen.

Literatur

Ainsworth, M. D. S. (1979): Attachment as related to mother-infant interaction. In: Rosenblatt, J. et al. (Hrsg.). Advances in the study of behaviour, Bd. 9, San Diego, CA: Academic Press, S. 1–51

Ainsworth, M. D. S. (2003): Feinfühligkeit versus Unfeinfühligkeit gegenüber den Mitteilungen von Babys. In: Grossmann, K. E. und Grossmann, K. (Hrsg.): Bindung und menschliche Entwicklung... Stuttgart: Klett-Cotta, S. 414–421

Bowlby, J. (2001): Frühe Bindung und kindliche Entwicklung. München, 4. Aufl.: Reinhardt

Callahan, C. (2005): Spielraum. In: managerSeminare, Heft 83, Februar 2005, S. 31–36

Crain, W. (2005): Lernen für die Welt von morgen. Freiamt: Arbor

Damasio, A. R. (1997): Descartes' Irrtum. Fühlen, Denken und das menschliche Gehirn (3. Aufl.). München: List

Damasio, A. R. (2001): Ich fühle, also bin ich. Die Entschlüsselung des Bewusstseins (3. Aufl.). München: List

Damasio, A. R. (2003): Der Spinoza-Effekt. Wie Gefühle unser Leben bestimmen. München: List

Graf, J. (2006): Erst Wurzeln, dann Flügel. In: PSYCHOLOGIE HEUTE, Februar 2006, S. 46–51

Gebauer, K. (2007): Klug wird niemand von allein. Kinder fördern durch Liebe. Düsseldorf: Patmos

Grossmann, K. und Grossmann, K. E. (2004). Bindungen – das Gefüge psychischer Sicherheit. Stuttgart: Klett-Cotta

Großmann, U. (1998): Kleiner Ratgeber für Erzieherinnen – Hilfen für die Vielfalt des Berufsalltags. Neuwied/Kriftel/Berlin: Luchterhand

Holmes, J. (2002): John Bowlby und die Bindungstheorie. München: Ernst Reinhardt

Hüther, G. (2005): Die Macht der inneren Bilder. Göttingen: Vandenhoeck + Ruprecht

Hüther, G. und Michels, I. (2010): Gehirnforschung für Kinder. Felix und Feline entdecken das Gehirn (2. Aufl.). München: Kösel

König, A. (2010): Interaktion als didaktisches Prinzip. Bildungsprozesse bewusst begleiten und gestalten. Troisdorf: Bildungsverlag EINS

Krenz, A. (2009): Was Kinder brauchen. Aktive Entwicklungsbegleitung im Kindergarten (7. Aufl.). Mannheim: Cornelsen Verlag Scriptor

Krenz, A. (2007): Werteentwicklung in der frühkindlichen Bildung und Erziehung. Mannheim/Berlin: Cornelsen Verlag Scriptor

Krenz, A. (2007/2010): Psychologie für Erzieherinnen und Erzieher. Theorie und Praxis. Berlin: Cornelsen Verlag Scriptor

Krenz, A. (2009): Kinder brauchen Seelenproviant. München: Kösel

Krenz, A. (Hrsg.) (2010): Kindorientierte Elementarpädagogik. Göttingen: Vandenhoeck + Ruprecht

LeDoux, J. E. (2001): Das Netz der Gefühle. Wie Emotionen entstehen. München: dtv

LeDoux, J. E. (2003): Das Netz der Persönlichkeit. Wie unser Selbst entsteht. Zürich/Düsseldorf: Walter

Markova, Dawna (2005): Wie Kinder lernen. Eine Entdeckungsreise für Eltern und Lehrer (5. Aufl.). Kirchzarten: VAK

Ochmann, F. (2003): Die Macht der Gefühle. In: STERN, Nr. 35, S. 96–107

Roth, G. (2001): Fühlen, Denken, Handeln. Wie das Gehirn unser Verhalten steuert. Frankfurt: Suhrkamp

Schmid, W. (2003): „Ich hab mich selbst so lieb ..." – Über die Lebenskunst der Kinder. In: PSYCHOLOGIE HEUTE, Oktober

Schmid, W. (2002): Schönes Leben? Einführung in die Lebenskunst (5. Aufl.). Frankfurt: Suhrkamp

Suess, G. J. (2006): Neue Erkenntnisse aus der Bindungsforschung. In: Manuskripte im Rahmen der didacta in Hannover, S. 1-2

Suess, G. J. und Pfeifer, K.-W. (2000) (Hrsg.): Frühe Hilfen. Die Anwendung von Bindungs- und Kleinkindforschung in Erziehung, Beratung und Therapie (2. Aufl.). Gießen: Psychosozial

Tschöpe-Scheffler, S. (1998): Lebenskompetenzen unterstützen. In: Praxis Spiel & Gruppe. Heft 2/1998, S. 86–89

Zimpel, A. F. (Hrsg.) (2010): Zwischen Neurobiologie und Bildung. Göttingen: Vandenhoerck + Ruprecht

Die Ausbildung elementarpädagogischer Fachkräfte in der Diskussion – Grundsatzgedanken –

Einleitende Gedanken

Schon die bei den alten Griechen vorherrschende Einsicht „Panta rhei" – alles ist im Fluss – kann auch auf die aktuelle Diskussion um eine grundlegende **Reform der Erzieherausbildung** übertragen werden. Auf der einen Seite ist die derzeitige Auseinandersetzung in keinerlei Hinsicht neu! Schon seit Ende der Siebzigerjahre wurden immer wieder vielfältige Studien zur Ausbildungssituation und der Berufs(un)zufriedenheit von Erzieher/-innen erhoben und in Positionspapieren/Fachartikeln/Büchern publiziert. Gleichzeitig wurden ständig mehr als deutlich dringend notwendige Änderungen im Ausbildungsbereich angemahnt und gefordert. Auf der anderen Seite scheint der „Fluss der offensichtlich notwendigen Reformen" nun die ultimative Lösung gefunden zu haben: die akademisierte Ausbildung von Erzieher/-innen auf der Ebene eines sechs- bzw. siebensemestrigen Hochschulstudiums, verbunden mit dem akademischen Abschluss „Bachelor of Arts (B. A.)".

Veränderung in der Ausbildung von Erzieher/-innen: eine unumgängliche Notwendigkeit

Dabei spielt immer wieder der Hinweis auf die Ausbildung zur Erzieherin/zum Erzieher in den anderen EG-Ländern eine große Rolle. So gibt es beispielsweise in Großbritannien ein dreijähriges Universitätsstudium (mit einem Anerkennungsjahr), in den Niederlanden existiert eine vierjährige integrierte Erzieher- und Lehrerausbildung (Abschluss: Basislehrer) und in Frankreich sieht die Ausbildung ein dreijähriges Studium an einer pädagogischen Hochschule vor.

Die Notwendigkeit, die Erzieherausbildung zu verändern, ergab bzw. ergibt sich folgerichtig aus zwei Ausgangsdaten. Zum einen war und ist es die Kritik an der erlebten Ausbildung, die von vielen Erzieher/-innen selbst kam/kommt: (A) Es wurde/wird zu wenig bzw. einseitiges oder veraltertes Fachwissen vermittelt (vor allem in den Bereichen Entwicklungs- und Erziehungspsychologie). (B) Die Grundlagenorientierung im Hinblick auf arbeitsrelevante Schwerpunkte war/ist lückenhaft (z. B. zur UN-Charta Rechte des Kindes, zu den unterschiedlichen pädagogischen Ansätzen, zum „Berufsbild der Erzieher/-innen", zu den spezifischen Inhalten der länderhoheitlichen Bildungsrichtlinien, zur Erstellung von qualitätsorientierten Situationsanalysen, zur vollständigen Betrachtung aller aktueller Qualitätsevaluierungsverfahren). (C) Die Ausbildungsinhalte haben einen deutlich zu geringen Praxisbezug. (D) Bedeutsame Schwerpunkte der Arbeit seien gänzlich unbeachtet geblieben (z. B. Vorbereitung auf eine Leitungstätigkeit; Konfliktmanagement; Rhetorik für schwierige Gesprächssituationen; effiziente Beratungsmethoden für Eltern; Team- und Zeitmanagement; Prophylaktische Pädagogik im Hinblick auf Entwicklungsstörungen ...) und Lehrkräften fehle es eindeutig an eigenen Praxiserfahrungen in den Arbeitsfeldern, auf die sich ihre Unterrichtsinhalte beziehen. Sie schienen selbst relativ wenige Fortbildungen zu besuchen, ihre Selbstkritik sei kaum vorhanden und ihr Engagement befinde sich eher auf einem niedrigen Skalierungswert.

Stellungnahmen zur Notwendigkeit von Reformen

Zum anderen liegen unterschiedliche Stellungnahmen und Forderungskataloge von Verbänden und wissenschaftlichen Instituten vor, die ebenfalls in den vergangenen Jahren sehr eindringlich Reformen in der Ausbildung von Erzieher/-innen angemahnt haben. Beispielsweise die Gewerkschaft Erziehung und Wissenschaft (GEW), die Fachgruppe Kinder- und Jugendhilfe der Fachabteilung des DiCV, der Bayerische Landesverband Katholischer Tageseinrichtungen e.V., die Arbeitsgemeinschaft Jugendhilfe als Deutsches Nationalkomitee der Weltorganisation für frühkindliche Erziehung, der Pestalozzi-Fröbel-Verband (Berlin), Deutsches Jugendinstitut (DJI), der Deutsche

„Forschungsgrundlagen" gegeben, durch die entsprechende Innovationen in die Fachschulen hätten integriert werden können. Und letztendlich – als einen ganz zentral zu nennenden Punkt – wurde/wird zu wenig Wert auf die **„Persönlichkeitsentwicklung"** der Auszubildenden gelegt! Und sollte dies dennoch in manchen Ausbildungsschulen der Fall gewesen sein, so waren/sind ihre Versuche in vielen Fällen nicht sehr erfolgreich, was eine nachhaltige Bildung(!) kennzeichnen würde. Die Gründe dafür sind sicherlich sehr vielfältig und die Hintergründe bedürfen einer sorgsamen Betrachtung. Dennoch ändert dies nichts an den eben genannten Ausgangsdaten.

Veränderungen verlangen Grundsatzreformen!

Bei allen Diskussionsaspekten – und das sollte der **zentrale Ausgangspunkt** bei einer anstehenden Grundsatzreform sein – geht es weder um die ständigen Hinweise auf „europäische Standards" noch um eine Schwarz-Weiß-Malerei im Abgleich von Fachschulen oder Fachhochschulen, Hochschulen oder einer universitären Ausbildung. Solche politischen oder berufsstandorientierten Dimensionen können nur zu dogmatischen Stellungskämpfen führen, die an der Sachorientierung vorbeigehen.

Vielmehr ist die Frage zu beantworten, **welche Kompetenzen** Erzieherinnen und Erzieher für eine **qualitativ hochwertig zu gestaltende Pädagogik** benötigen und **wie** sie durch ihre Ausbildung zu einer **identischen, professionellen Fachkraft** werden können. Die Anforderungen und Aufgabenstellungen haben sich daher stets aus der PRAXIS abzuleiten!

Worum muss es daher **in erster Linie** gehen? Wenn „Professionalität und Qualität im Beruf von Erzieher/-innen" als eine apriorierte, ausschlaggebende Grundlage angesetzt wird, so geht es zunächst immer um eine PERSÖNLICHKEITSBILDUNG der Fachkräfte. Dabei ist es völlig unerheblich, auf welcher „Ausbildungsebene" dies geschieht

– Hauptsache ist, dass dieser **basisbildende Anspruch** erfüllt wird. So muss es in der Ausbildung gelingen, künftige sozialpädagogische Fachkräfte in BILDUNGSPROZESSE zu bringen, die beispielsweise folgende Merkmale provozieren, aktivieren und stabilisieren:

> *Selbstständigkeit, autonomes Handeln, eine selbstkritische und realistische Reflexion der eigenen Person und der geleisteten Arbeit, Zivilcourage, Mut, Wahrnehmungsoffenheit für bedeutsame Anforderungen, eine selbst gesteuerte Leistungsmotivation, Veränderungsbereitschaft, Neugierde an einer permanenten, persönlichen Weiterentwicklung, Interesse an Wissenszuwachs, Forschergeist, Engagement, Authentizität, Kommunikationsfähigkeit, Experimentierfreude, Querdenken, Aufmerksamkeit und Konzentration für bzw. auf wesentliche Aufgaben, Reflexionsbereitschaft über handlungsleitende Werte, Freude an einem lebenslangen Lernen, Verantwortungsübernahme, Verlässlichkeit, Aufgeschlossenheit allem Neuen gegenüber und eine (selbst)kritische Überprüfung, Sach- und Wissenschaftsorientierung bei Fachauseinandersetzungen, Null-Toleranz bei politisch radikalen Weltwahrnehmungen, Selbststeuerungsfähigkeit in belastenden Situationen …*

So ist es immer die PERSON als sozialpädagogische Fachkraft, die mit ihren **intrapersonalen Merkmalen** ihre Arbeit gestaltet!

Innovationen sind unumgänglich und daher angesagt.

Diese tragen dann beispielsweise dazu bei, Teamfähigkeit zu zeigen, Gruppenprozesse aktiv und konstruktiv mitzugestalten, innovative Gedanken zu entwickeln und durch praktische Handlungsvollzüge in der Einrichtung zu installieren, durch vorhandene Fachkompetenzen auf Entscheidungsträger aktiven Einfluss zu nehmen, Entwicklungsprozesse im Innen- und Außenbereich der Arbeit bewusst zu steuern oder eine qualitätsorientierte Konzeption auf der Grundlage der vorzufindenden Infrastruktur zu erstellen, eine professionelle Situationsanalyse vornehmen und qualitätsorientiert auswerten zu können, die unterschiedlichen pädagogischen und therapeutischen Ansätze in ihren spezifischen Merkmalen zu erfassen und einen Ansatz zu identifizieren, der für die betreffende Arbeit fachlich begründet und integriert werden kann ... Weitere Beispiele könnten endlos folgen.

Alle vier Ausbildungsorte – Fachschulen und Fachhochschulen/Hochschulen/Universitäten – haben sich dieser obersten primär orientierten Aufgabe zu stellen. Dabei wird es darauf ankommen, durch entsprechend didaktische Schwerpunkte und methodische Gestaltungselemente der Lernsituationen den Schülerinnen und Schülern bzw. Studentinnen und Studenten genau diese **„Schlüsselkompetenzen"** nahezubringen, damit sie ihre künftige Tätigkeit situationsangemessen, authentisch, qualitätsorientiert und professionell gestalten. Wenn allerdings die zukünftige Fachhochschulausbildung (mit B.-A.-Abschluss) so „verschult" (mit einem festgelegten „Stundenplan" und fächerunvernetzt) sowie „praxisfern" und „wissenschaftsverliebt" (mit Professoren ohne eigene, aktuelle Praxiserfahrungen) abläuft, wie es zurzeit in einigen Fachhochschulen der Fall ist, dann wird die angemahnte, heiß diskutierte und eingeleitete Ausbildungsreform zum erneuten großen Flop. Alle angemahnten Innovationsnotwendigkeiten konzentrieren sich dann lediglich auf eine „wissenschaftlich fundierte Lehre", anstatt zu begreifen, dass dies nur ein (= 1) Baustein in einem großen Gesamtpaket ist. In der Schulsprache hieße das: „Thema verfehlt, setzen, Sechs!" Weiterhin ist es im Sinne der Aufgabenstellung überaus abträglich, wenn die unterschiedlichen Ausbildungsstätten miteinander konkurrieren und in einen Wettstreit treten würden – dabei kann es nur Sieger und Verlierer geben. **Kooperation heißt das „Zauberwort"** – ein Lernziel, das schon in den Bildungsrichtlinien der Elementarpädagogik als Lernziel für Kinder formuliert ist. Würden Lehrkräfte an Fachschulen und Dozenten/Professoren an (Fach-)Hochschulen und Universitäten die für deren Klientel formulierten Lernziele als eigene Lernherausforderungen ansehen, verstehen, aufgreifen und umsetzen, wären die anvisierten Reformen leicht umsetzbar, unabhängig davon, auf welcher Ausbildungsebene dies geschieht.

Nutze die Chancen! – Motivation, Professionalität und Erfolg durch Weiterbildung im Beruf

Grundgedanken: Auf der einen Seite ist es ohne Frage eine verantwortungsvolle, häufig sehr schöne und herausfordernde Aufgabe im Kindergarten/Hort zu arbeiten. Auf der anderen Seite bedeutet dieser Beruf aber auch Stress, sich immer wieder auf neue Aufgaben einzulassen, mit den unterschiedlichsten Erwartungen konfrontiert zu sein und gleichzeitig eher wenig Anerkennung von außen zu erhalten. Was mit Liebe und Begeisterung, Engagement und Freude begann, gerät nicht selten nach einigen Jahren harter Arbeit ins Schwanken und endet manchmal auch in einem Gefühl der Überforderung, des Ausgebranntseins oder sogar in Resignation, verbunden mit dem Wunsch, aus dem einstigen „Traumberuf" auszusteigen.

Die „heile Welt" gibt es nicht – neue Probleme und Herausforderungen an Erzieher/-innen

Was für viele Erzieher/-innen so hoffnungsvoll und erwartungsfreudig im Beruf begann, nämlich eine lebendige, aktive und herausfordernde Entwicklungsbegleitung mit Kindern zu erleben und zu gestalten, offenbart sich mit der Zeit als „harter Knochenjob". Stellt man sich die Frage, woran das liegen könnte, bieten sich ganz unterschiedliche (Hinter-)Gründe als mögliche Antworten an. Zum einen merken Erzieher/-innen, dass ihr ursprünglicher Berufswunsch mit vielen Idealen und Wunschvorstellungen bzw. subjektiven Bildern verbunden war, die mit der erlebten Realität nicht übereinstimmten. So ist Kindergarten- oder Hortarbeit weitaus umfangreicher gefasst und betrifft eben nicht nur den begrenzten Betreuungs-, Erziehungs- und Bildungsauftrag mit Kindern. Zum anderen wurde ihnen deutlich, dass die Ausbildungsinhalte der Fachschulen/-akademien häufig nicht das Wissen und die notwendigen Handlungskompetenzen umfassten, welche für die praktische Arbeit notwendig und hilfreich wären. Dadurch entstanden Unsicherheiten und berufliche Irritationen. Zum dritten ergaben sich aus der allseits bekannten PISA-

Diskussion, der europaweit durchgeführten Qualitätsoffensive und dem damit verbundenen Qualitätsmanagement vor Ort sowie den heftig geführten Bildungsrichtlinien-Diskussionen auf Landes- und Bundesebene **neue Herausforderungen** für den Kindergarten/Hort, die das Kindergarten-/Hortsystem in ihren bisherigen Schwerpunktstrukturen vor neue, umfangreiche Aufgaben stellt(e). Dazu kamen immer stärker ausgeprägte Erwartungen vieler Eltern, die ihre speziellen Vorstellungen von einer „neuen Pädagogik" hatten und diese als deutliche Forderungen an die Erzieher/-innen heranbrachten. Gleichzeitig merkten die elementarpädagogischen Fachkräfte, dass auch Kinder und Jugendliche **mit verstärkten Verhaltensirritationen,** wie es sie in dieser Form und in dieser Menge vor Jahren eher selten gab, zusätzliche Unruhe und Provokationen in die Einrichtungen brachten und die Erzieher/-innen vor zunehmend neue pädagogische Herausforderungen stell(t)en. Und last not least gab der besondere finanzielle Engpass der Träger strukturelle und personelle Entscheidungen vor, die mit objektiven Qualitätskriterien in vielen Fällen nicht vereinbar waren bzw. zu vereinbaren sind. Qualität und Professionalität haben ihren Preis, was viele Träger und politische Mandatsträger nach wie vor nicht nachvollziehen können/wollen.

Probleme sind Herausforderungen oder: Jedes Problem ist eine eigene, neue Aufgabenstellung

Ohne Frage gab es in den letzten Jahren einen deutlichen Wandel in der Elementar- und Hortpädagogik, durch den das bisherige „System Kindertagesstätte" fachlich und personell betrachtet „durchgerüttelt" wurde. Gleichzeitig zeigt sich bei einer genaueren fachspezifischen Betrachtung der vielen Veränderungen und neuen Herausforderungen, dass vieles durchaus kritisch betrachtet werden musste, damit einer notwendigen Veränderung Platz zur Verfügung gestellt werden konnte. So war und ist beispielsweise ein im wahrsten

beeinflusst wird, so ist auch die Pädagogik immer wieder durch Umfeld-/Umweltveränderungen, neue Erfahrungen oder neue Erkenntnisse aus Wissenschaft und Forschung zur **Neubetrachtung von bisherigen Zielen, Wegen, Methoden oder didaktischen Schwerpunkten** aufgefordert (Beispiel: *Resilienzforschung; Neurophysiologie*). Was gestern noch für die Pädagogik oder Psychologie eine allgemeine oder spezielle Gültigkeit besaß, kann heute schon durch neue Forschungsergebnisse revidiert sein (Beispiel: Einige Kernaussagen von *Piaget* sind inzwischen durch neue Untersuchungsresultate aufgehoben und durch andere Belege ersetzt worden). Das bezieht sich auch auf andere Bereiche wie beispielsweise auf die Konflikt-, Team- oder Bildungs- oder Bindungsforschung. Ein alter Spruch bringt es dabei auf den Punkt: **Stillstand bedeutet Rückschritt.** Das gilt für alle Entwicklungen, seien sie personenbezogen oder arbeitsfeldorientiert. So sind die Zeiten und Begründungen einer eher traditionsverbundenen Arbeit, in der die Gestaltung der Berufstätigkeit durch Wiederholungen zurückliegender Arbeitsvorgänge charakterisiert war, nicht mehr aufrechtzuerhalten. Wenn auf der einen Seite die Elementarpädagogik den Anspruch hat, **„Qualität von Anfang an"** zu realisieren und auf der anderen Seite auch Träger von Einrichtungen sowie politische Mandatsträger den hohen und berechtigten Anspruch an die elementarpädagogischen Fachkräfte stellen, **„Bildung von Anfang an"** in den Institutionen zu etablieren, dann müssen auch bestehende Bedingungen diesen Anforderungen angeglichen werden, andernfalls bleiben solche Aussagen bloße Lippenbekenntnisse. Ein regelmäßiger Besuch von Fortbildungsveranstaltungen ist ein unverzichtbarer Teil einer professionell gestalteten Tätigkeit, weil hierdurch Grundlagen gelegt/bestätigt/neu konzipiert/weiterentwickelt werden, die zum kompetenten Selbstverständnis und zur professionell gestalteten Grundlagenarbeit einer elementarpädagogischen Fachkraft dazugehören – sowohl im Innen- als auch im Außenprozess der Pädagogik. War man früher der Ansicht, dass Professionalität nicht an Ergebnissen zu messen sei, so zeigt sich heute eine deutliche Kehrtwendung in der Beurteilung dieser Aussage. Selbstverständlich war und ist ein professionelles Handeln auch immer am dokumentierbaren Ergebnis messbar – sei es am Produkt einer gelungenen Leitbild- oder Konzeptionsarbeit, einer erfolgreichen Gesprächsführung, einem qualitätsgeprägten Entwicklungsbericht, einer erreichten Konfliktlösung oder einer erfolgreichen Öffentlichkeitsarbeit, einer abgeschlossenen Sponsorenzusage oder der Transparenz/Dokumentation der pädagogischen Arbeit.

Fort- und Weiterbildung als berufsbegleitender Lernprozess

Qualitätsgeprägte Fort- und Weiterbildung richtet sich auf folgende Aspekte: Zum einen wendet sie sich direkt an die „Person Erzieher/-in", knüpft an ihre Stärken an, konfrontiert sie aber auch mit ihren Schwächen, die es zu minimieren gilt. Nur so kommt es zu einem Zuwachs der Handlungskompetenzen. Zum anderen will Fort- und Weiterbildung die Fachkompetenz der elementarpädagogischen Fachkräfte erweitern, bei der fachliche Defizite durch den Erwerb aktuellen Wissens ausgeglichen werden. Schließlich tragen regelmäßige Fort- und Weiterbildungen zu einem gestärkten beruflichen Selbstverständnis bei – der Grundlage für das gesamte berufliche Handeln im Innen- und Außenbereich der Pädagogik. Und letztendlich wird durch den Besuch von Fort- und Weiterbildungen die pädagogische Qualität der gesamten Einrichtung verbessert, indem innovative Impulse und neue Sichtweisen die Arbeit vor Ort immer weiter verbessern helfen. Ein solcher **berufsbegleitender und gleichzeitig lebenslanger Lernprozess** erfordert von den elementarpädagogischen Fachkräften Selbstmotivation (statt Rückzug), Engagement (statt Bequemlichkeit), Lerninteresse (statt Lernabwehr), Veränderungsbereitschaft (statt Sicherheitssuche), Selbstkritik (statt Fremdkritik), Aufgeschlossenheit (statt Bestätigungssuche), Freude an Theorieauseinandersetzungen (statt Theoriefeindlichkeit),

Selbststeuerung (statt Fremdmotivation), Selbstverantwortung (statt Schulddelegation) und Perspektivorientierung (statt einer Rückwärtssicht). Sehr viele Fachkräfte besitzen diese Eigenschaften – doch was nutzen diese ohne eine Realisierungsmöglichkeit? Ohne Frage stehen dabei aber auch Gesetzgeber (auf Landesebene) in der Pflicht, Fort- und Weiterbildung in den Landesgesetzen fest zu verankern: als gesetzlich verbrieftes Recht und als gesetzliche Pflicht für alle berufstätigen Fachkräfte. Und alle Arbeitgeber/Träger von elementarpädagogischen Einrichtungen haben gleichzeitig für eine Freistellung der Mitarbeiter/-innen und für (anteilige) Finanzierungen zu sorgen, sodass Fort- und Weiterbildungsveranstaltungen auch in Anspruch genommen werden können. Nur so kann und wird es tatsächlich zu einer umfassenden Qualitätsoffensive in der Elementarpädagogik kommen, die auch zu Recht diesen Qualitätsbegriff verdient hat.

Kompetenz und Karriere: Chancen durch Fort-, Weiter- und Zusatzausbildungen

Grundgedanken: Nicht selten stellen sich elementarpädagogische Fachkräfte durch erlebte Überforderungen oder eine zunehmende Berufsmüdigkeit die Frage, ob es überhaupt berufliche Veränderungen oder gar Aufstiegschancen im Hinblick auf eine Karriere für Erzieher/-innen gibt. Viele sind der Meinung, diese Frage sei schon im Ansatz unberechtigt, überflüssig oder gar provokativ gestellt, und die Antwort erübrige sich schon von selbst. Doch bei einer sorgsamen, genaueren Betrachtung fällt die Antwort für manche Fachkraft vielleicht überraschend aus!

Beruf Erzieher/-in – ein Klassiker im Arbeitsfeld des Kindergartens

Ohne Frage stellen Erzieher/-innen die größte Berufsgruppe im Kindergarten dar – neben Sozialassistenten/Sozialassistentinnen, Kinderpflegern/Kinderpflegerinnen und einigen (zunehmend mehr) Diplom-Sozialpädagogen/-Sozialpädagoginnen, Diplom-Pädagogen/-Pädagoginnen und Heilpädagogen/Heilpädagoginnen. Zwar gibt es auch Männer in dieser Frauendomäne – doch ist ihr Prozentsatz verschwindend gering. Berichten beispielsweise Erzieher/-innen von ihrem Berufsbild, wird ihnen von der Öffentlichkeit als erstes das Tätigkeitsfeld „Kindergarten" zugeordnet. Auch wenn seit vielen Jahren das Berufsbild „Erzieher/-in" existiert, so wird auch heute noch häufig in der Öffentlichkeit synonym von „der Kindergärtnerin" gesprochen – eine ebenso falsche und fachlich betrachtet ärgerliche wie unangemessene Berufsbezeichnung. Sie provoziert das Bild einer Tätigkeit, in der mit Kindern hauptsächlich am Tisch gebastelt wird, wo Papierfaltarbeiten auf der Tagesordnung stehen und vielleicht sogar noch gemeinsame Toilettengänge Praxis wären. Doch zeigt sich damit sehr deutlich die „gedankliche Verschmelzung" zwischen Beruf und Tätigkeit. Es darf an dieser Stelle kurz erwähnt werden, dass es dringend erforderlich ist, diesem **Berufsklischee** noch deutlicher und klarer durch Professionalität und offensiv gezeigte Kompetenzen entgegenzuwirken. Dafür bieten einige der bekannten Qualitätsmanagementsysteme besonders gute Möglichkeiten an.

Erst Berufung, dann Beruf und schließlich Job

Viele elementarpädagogische Fachkräfte haben im Laufe ihrer Berufstätigkeit immer wieder Höhen und Tiefen erlebt – sei es im alltäglichen Umgang mit Kindern oder Eltern, im Kollegium oder mit dem Träger. Dieses „Auf und Ab" ist ein fester Bestandteil und gehört sicherlich vom Kern betrachtet zum normalen Spannungsfeld dieser verantwortungsvollen Tätigkeit dazu. Doch sind es aber auch objektive Umstände, die dazu beitragen (können), dass Erzieher/-innen ihren Berufsalltag als äußerst anstrengend erfahren müssen. Unbestritten werden die Arbeitsbedingungen immer komplizierter und schwieriger. Die finanziellen Mittel werden Jahr für Jahr gekürzt, die Gruppengröße wird aufgestockt, sogenannte Springkräfte werden nicht mehr finanziert, frei gewordene Stellen werden entweder nicht mehr oder erst nach längerer Zeit mit Fachpersonal besetzt und Arbeitszeiten werden je nach den vorhandenen Haushaltsmitteln gekürzt oder verlängert, sodass persönliche und berufliche Lebensziele durcheinandergeraten können. Dazu kommen neue Aufgaben, die erfüllt werden müssen und die im Rahmen der europaweiten Qualitätsoffensive sicherlich ihre Berechtigung haben. Allerdings stellt sich die Frage, mit welchem Zeitbudget und zu welchem Zeitpunkt diese zusätzlichen Anforderungen im Rahmen der bisherigen Tätigkeit tatsächlich geleistet werden können, bei gleichzeitiger Kürzung bzw. völligem Wegfall einer arbeitsnotwendigen Vor- und Nachbereitungszeit. Da ist es schon verwunderlich und beachtenswert, wenn elementarpädagogische Fachkräfte wie Felsen in einer Brandung stehen und ihre Aufgaben fachkompetent zu meistern versuchen – nicht selten von anderen Berufsgruppen verhöhnt oder belächelt, von der Öffentlichkeit und der Politik verkannt, in keinem Maße auch nur annähernd fürstlich entlohnt, von vielen Eltern mit höchsten Erwartungen überfrachtet oder auch bei Kindergartenaktionen allein gelassen, von den Grundschulen nicht selten mit unangemessenen Forderungen unter Druck gesetzt und von den eigenen Erwartungen an sich selbst immer wieder aufs Neue gefordert. So kann schnell aus einem ursprünglichen **„Traumberuf"** ein **„beruflicher Albtraum"** werden und manches Mal wird in einem schleichenden Prozess die innerlich gespürte Berufung zu einem Routinejob. Eine Erzieherin hat es einmal so formuliert: „Ich fühle mich wie auf einer Rutsche, die mit Schmierseife beschichtet ist. Jeder Versuch, sich festzuhalten oder nach oben zu klettern, wird durch immer neue Anforderungen oder irritierende Entscheidungen von oben zunichtegemacht. Was bleibt, ist eine Illusion von damals und was vorherrscht ist Stress, Orientierungslosigkeit und eine zunehmende Mutlosigkeit."

Auswege – Wege aus dem Aus

Viele elementarpädagogische Fachkräfte fragen sich am Ende eines Tages oder in den unterschiedlichen Situationen: Wie haben Kinder den heutigen Tag mit mir erlebt? Habe ich Kinder in ihren unterschiedlichen Ausdrucksformen verstanden und sie in ihren vielfältigen Entwicklungsmöglichkeiten aktiv unterstützt? Habe ich die Kinder ernst genommen, konnte ich ihre wirklichen Anliegen spüren und erkennen? Ist es mir gelungen, das Selbstwertgefühl der Kinder zu stärken? Habe ich alle Kinder beachtet oder habe ich vielleicht bestimmte Kinder übersehen? Konnten die Kinder wirklich zeigen, welche Fähigkeiten in ihnen stecken und war ich ihnen hilfreich, diesen Tag – wie auch die anderen Tage – als ein Geschenk des Kindergartens zu erleben? Konnten Kinder ihre Fülle an Fantasie und Kreativität zum Ausdruck bringen und wie konnte ich mich darauf einlassen? War ich den Kindern gegenüber gerecht? Habe ich am heutigen Tage etwas Wesentliches übersehen? Gab es etwas, was ich heute falsch gemacht habe und in Zukunft dringend anders machen will? Waren meine Kompetenzen ausreichend, um gesetzte Ziele zu erreichen? In welchem Bereich muss ich dringend etwas dazulernen, damit ich besser werden kann? Kann bzw. will ich überhaupt die vielfältigen Ziele erreichen? Muss ich mich selbst ständig hinterfragen und immer wieder auf Veränderungen einlassen? Ja, ist der Beruf eigentlich noch mein Wunschberuf? Mit diesen und vielen weiteren Fragen beginnt der Prozess der Selbstauseinandersetzung und gleichzeitig die Konfrontation mit sich selbst. Ohne Frage bieten sich in diesem Zusammenhang sehr unterschiedliche Möglichkeiten an, Antworten zu finden: Sei es durch kollegiale Gespräche, durch ein Coaching, durch Einzel-, Gruppen- oder Teamsupervision oder durch den Besuch von Fort- und Weiterbildungsseminaren. Das Entscheidende ist dabei immer, dass(!) diese und alle anderen Fragen einer Beantwortung bedürfen, um aus dem Grübeln herauszukommen. Andernfalls wird ein permanent schlechtes Gewissen oder eine vor sich ständig hergeschobene Frage den Blick für die neuen Herausforderungen vernebeln und verstellen. Wie heißt es doch so treffend im Krisenmanagement: „Es gibt keine Probleme – es gibt nur Aufgaben."

Fort-, Weiter- und Zusatzausbildungen: Wege aus der Krise

So kann es sein, dass durch den Besuch von Fort-, Weiter- oder Zusatzausbildungen der Weg aus der Krise gefunden wird. Wenn Bildungsmaßnahmen auf der einen Seite dazu beitragen, die Professionalität im Beruf zu verbessern und auf der anderen Seite dabei helfen, die eigene Identität zu stärken, ist der Kern einer Entwicklung getroffen. (Anmerkung: Die **Erweiterung der Professionalität** – gemeint ist der Fachaspekt- und die **Stabilisierung der eigenen Identität** – gemeint ist der Personaspekt – sollten immer gleichzeitig Ziel, Aufgabe und Weg einer Bildungsmaßnahme sein, weil das eine ohne das andere nicht funktioniert! Im Allgemeinen wird von

Fortbildungsmaßnahmen gesprochen, wenn es sich um zeitlich kleinere Bildungseinheiten handelt (von einem Tag bis zu ca. 12 Tagen). Weiterbildungen umfassen ca. 100 – 250 Stunden, also ca. 13 –30 Tage und Zusatzausbildungen beziehen sich auf den Erwerb zusätzlicher Berufsqualifikationen – ihr Zeitumfang beträgt häufig zwischen 31 und 150 Ausbildungstagen – und enden mit einer Abschlussprüfung und einem Zertifikat. Fort- und Weiterbildungen dienen in der Regel der Verbesserung der bisherigen Arbeit. Zusatzausbildungen hingegen, die in Vollzeit- oder berufsbegleitender Form angeboten und durchgeführt werden, bieten nicht nur eine Legitimation für eine neue, zusätzliche Schwerpunktlegung, sondern eröffnen den Absolventen auch neue Wege für ihre Berufs- und Karriereplanung. Das kann vor allem für die elementarpädagogischen Fachkräfte von Bedeutung sein, die sich von ihrem bisherigen Tätigkeitsbereich „Kindergarten" verabschieden möchten und neue Herausforderungen suchen. Dabei sind einige Fragen und Überlegungen im Vorhinein von besonders ausschlaggebender Bedeutung: In welchem Bereich liegen meine besonderen Begabungen? Welches Aufgabenfeld bzw. welcher Arbeitsbereich interessiert mich dabei in höchstem Maße? Was gehört genau zu den möglichen Tätigkeiten? Welche Qualitäten und Begabungen sind dafür real erforderlich und wie „passen" sie zu meiner Persönlichkeit? Welche Fachkompetenzen und Qualifikationsnachweise sind dafür notwendig? Auf welche Weise können und müssen die Begabungen im Hinblick auf das ausgewählte Aufgabenfeld perfektioniert werden? Wie umfangreich ist eine solche Zusatzausbildung in Vollzeit- oder berufsbegleitender Form? Welche Anbieter kommen infrage, wie ist die Zusatzausbildung strukturiert und welchen Ruf haben die entsprechenden Anbieter in der Fachwelt? Wie (unterschiedlich) hoch sind die Kosten für die Zusatzausbildung? Welche staatliche bzw. berufspolitische Anerkennung haben die Zusatzausbildungen? Wie hoch ist der Bedarf an diesem Beruf und wie sehen zum jetzigen Zeitpunkt die späteren Berufschancen aus? Wo/bei wem finde ich ausreichende Informationsmöglichkeiten? Will ich meinen neuen, angedachten Weg allein planen und durchführen oder suche ich mir einen Begleiter (i. S. eines beruflichen Coachings)?

Es gibt mehr Möglichkeiten als gedacht

Schaut man sich im **„Markt der Möglichkeiten"** einmal genauer um, ist es für viele elementarpädagogische Fachkräfte völlig überraschend festzustellen, wie **umfangreich und vielfältig die Angebote** für qualitätsorientierte Zusatzausbildungen in Deutschland sind. So reichen diese von **Zusatzausbildungen** in (heilpädagogischer) Musiktherapie, in Psychodrama oder Trauerbegleitung, Märchentherapie oder Medienpädagogik, Pantomime oder Zauberpädagogik, Theaterpädagogik oder personzentrierter Gesprächsführung, Sozialmanagement oder analytischer Kinder- und Jugendlichenpsychotherapie, Bioenergetik oder Gestaltpädagogik, Andragogik (Wissenschaft der Erwachsenenbildung) oder Sexualpädagogik und Sexualberatung, Motopädagogik oder Ergotherapeutik, Konfliktmanagement oder Coaching, Erziehungstherapeutik, Kinder- und Jugendtherapeutik, Kunsttherapie, Sprachtherapeutik oder Spielpädagogik. Weiterhin gibt es Zusatzausbildungen in therapeutischem Puppenspiel, Tanztherapie, zur Spielleiterin von Theatergruppen, in Bibliodrama, sozialpädagogischer Familienhilfe, Konfliktmanagement, Trennungsberatung, Mediation, Familien-, Krisen- und Scheidungsberatung, pädagogischer und psychotherapeutischer Arbeit mit Kindern und Jugendlichen, als Familien- und Systemtherapeutin, in systemischer Beratung und zur Supervisorin, in Themenzentrierter Interaktion, pädagogischer Psychotherapie, Tanz- und Ausdruckstherapie, rhythmisch-musikalischer Erziehung, klientenzentrierter Spielpädagogik, Psychodramagruppentherapie mit Kindern, Kulturarbeit, Museumspädagogik, Erziehungspsychologie, wissenschaftlicher Schriftpsychologie, Ausdrucksmalen, Zusatzausbildung zur Leitung sozialer Institutionen, in integrativer Gestaltpädagogik, zur staatl. zugel. Psychologischen Beraterin, in sensorischer Integrationstherapie, in Religionspädagogik, zur Sozialwirtin, zur Fachtherapeutin für Psychotherapie (HPG) oder zum „Bachelor of Arts" (als Hochschulabschluss). Darüber hinaus gibt es weitere Zusatzausbildungen, die aber an dieser Stelle nicht alle genannt werden können. Schon allein diese Übersicht macht deutlich, dass der Grundberuf einer Erzieherin die Basis bildet für unzählige Möglichkeiten der beruflichen und personalen Weiterentwicklung. Wer heute noch behauptet, dass Erzieher/-innen kaum oder keine Aufstiegschancen haben, ist entweder völlig uninformiert oder hat ein Interesse daran, elementarpädagogische Fachkräfte in einer möglichen Unkenntnis zu belassen. Ebenso interessant dürfte es für Erzieher/-innen sein, dass beispielsweise durch das Urteil des Bundesverwaltungsgerichts (BVerwG 3C 34.90 8 OVG A 5/88 vom 21. 1. 1993) auch Erzieher/-innen mit entsprechender Zusatzausbildung die Möglichkeit offensteht, im Rahmen des Heilpraktikergesetzes (mit staatlicher Anerkennung) das Arbeitsfeld Psychotherapie auszuüben, wenn auch nicht mit Kassenzulassung bzw. Kassenabrechnung, so aber doch mit privater Abrechnungspraxis!

Ein paar Worte zum Schluss

Wichtig ist vor allem, dass sich Interessenten und InteressentInnen für bestimmte Zusatzausbildungen fachkompetent und umfassend bei den anbietenden Institutionen oder anderen Ansprechpartnern informieren, um bestehende Vorurteile abzubauen und neue Erfahrungen/Erkenntnisse sorgsam be-/auswerten. Ebenso wichtig ist es, dass elementarpädagogische Fachkräfte ihre eigenen Kompetenzen realistisch einschätzen und gleichzeitig ihre Entwicklungsmöglichkeiten ausloten, nutzen und erweitern. Neue Wege und innovative Berufs-/Karriereplanungen sind immer mit Mut, Engagement, Wissen und gleichzeitigem Abschied von alten eingeschlagenen Wegen und entwicklungshemmenden Verhaltensmustern verbunden. Das macht eine lebendige **Persönlichkeits- und Berufsentwicklung** aus. Und schließlich geht es immer um die rechtzeitige Planung von Zusatzausbildungen, um diese dann für die eigene Karriereplanung zur Verfügung zu haben, wenn ein Ausstieg aus der klassischen Elementarpädagogik ansteht.

Literatur

Kellner, Hedwig (2004): Jetzt mach ich mein eigenes Ding! Krummwisch: Königsfurt

Seitz, Rudolf (1998): Erzieherin zwischen Lust und Frust. München: Don Bosco

Stavemann, Harlich H. (2001): Im Gefühlsdschungel. Weinheim: Psychologie Verlags Union

Baumann-Bay, Lydie und Andreas (2003): Mach deinen Beruf zur Berufung. Eine Anleitung zur Selbst- und Sinnfindung. Stuttgart: Kreuz

Krenz, Armin (2001): Qualitätssicherung in Kindertagesstätten. München: Reinhardt (Kapitel D: Professionelles Selbstverständnis als Fachkraft; Kapitel J: Fort- und Weiterbildung.)

Konstruktive Kommunikation und zielorientierte Gesprächsführung in der elementarpädagogischen Praxis

Gespräche sind mehr als „nur" sprachliche Äußerungen

> *„Die Sprache ist Zeichen und Gleichnis für die seelischen Vorgänge, die Schrift wieder für die Sprache. Und wie nicht alle dieselben Schriftzeichen haben, bringen sie auch nicht dieselben Laute hervor. Die seelischen Vorgänge jedoch, die sie eigentlich bedeuten sollen, sind bei allen die gleichen, und auch die Dinge, die jene Vorgänge nachbilden, sind die gleichen."*
>
> ***Aristoteles, 384–322 v. Chr.,***
> ***ein griechischer Philosoph***

Sprache ist unser Hauptkommunikationsmittel in der Pädagogik. So führen wir tagtäglich Gespräche mit Kindern, tauschen uns sprachlich mit Kollegen und Kolleginnen aus, führen Beratungs-/Informationsgespräche mit Eltern oder sprechen mit Fachdiensten, die mit der Kindertageseinrichtung in enger Kooperation stehen. Sprache begegnet uns in sehr unterschiedlicher Form: in geschriebenen und gehörten Wörtern, einzelnen Buchstaben und in Sätzen, in direkter oder indirekter Kommunikation, auf Plakaten, über Unterhaltungsmedien, in der Musik, über Bücher und Zeitschriften, in eigenen Gedanken.

Es gibt Menschen mit einer besonderen ***Sprachbegabung*** und einem guten ***Sprachempfinden,*** wir alle haben eine mehr oder weniger gute ***Sprachentwicklung*** hinter uns gebracht, unsere ***Sprachfähigkeit*** ist eher gut oder weniger gut entwickelt, ***Sprachfehler*** irritieren unsere Erwartung an ein „richtiges Sprechen", ***Sprachführer*** begleiten uns in fremden Ländern, ***Sprachgrenzen*** bringen uns nicht selten in Schwierigkeiten, ***Sprachkenntnisse*** sind in fremden Ländern durchaus notwendig und hilfreich, ***Sprachkompetenzen*** sorgen für einen guten Gesprächsverlauf, ***Sprachlosigkeit*** ist ein Gefühl, das niemand gern erlebt, ***Sprachrichtig-***

keit ist ein Genuss für ***Sprachinteressierte,*** ein guter ***Sprachschatz*** kann Menschen dazu verhelfen, sich sehr sorgsam auszudrücken und punktgenau verstanden zu werden, ***Sprachschnitzer*** wirken peinlich, ***Sprachübungen*** helfen dabei, sich verständlicher ausdrücken zu können und ***Sprachkurse*** bereiten uns auf Situationen vor, um mit Menschen aus anderen Ländern und Kulturen *sprechen* zu können.

Gespräche sind dabei ein Hauptbestandteil des Alltags. Entsprechend der vielfältigsten Anlässe, aus denen sich Menschen unterhalten, können sie auch sehr unterschiedliche Formen annehmen.

Grundsätzlich kann gesagt werden, dass unsere Sprache sechs Funktionen besitzt und diese entsprechend unserer Sprach- und Sprechfertigkeiten mehr oder weniger deutlich zum Ausdruck kommen:

Sprache wird eingesetzt, um

1.) Schwierigkeiten zu thematisieren und Probleme zu lösen,
2.) Beziehungen aufzubauen, zu pflegen und abzubrechen,
3.) Informationen weiterzugeben und Fakten zu vermitteln,
4.) seine Meinung, Sichtweise und eigene Überzeugung zu äußern,
5.) das Verhalten anderen Menschen direkt oder indirekt zu beeinflussen,
6.) Gefühle zum Ausdruck zu bringen.

Auch wenn diese Funktionen dem ersten Anschein nach klar und nachvollziehbar erscheinen, ist es in vielen Gesprächen nur schwer feststellbar, welches Ziel in dem Gespräch von den Gesprächspartnern verfolgt wird.

So kann es passieren, dass man selbst davon ausgeht, man „würde eigentlich" ein Problem mit jemandem anderen lösen wollen, doch kann sich bei genauerer Betrachtung herausstellen, dass die Sprache einzig und allein darauf ausgerichtet ist, das Verhalten seines Gegenübers zu beeinflussen. Oder es ist möglich, dass man selbst glaubt, dem Gesprächspartner „ganz sachlich natürlich(!?)" gezielte Informationen weiterzugeben, doch eigentlich ist es bei einer sorgsamen

Betrachtung nichts anderes als eine aneinandergereihte Verkettung von persönlichen Meinungen, mit denen der Gesprächspartner von einer anderen Sichtweise überzeugt werden soll. So ist es nicht immer leicht, zwischen einer Absicht des Sprechers/der Sprecherin und der tatsächlich geäußerten Botschaft eine stimmige ***Deckungsgleichheit*** zu entdecken.

Gesprächsverläufe sind von den vielfältigsten ***Einflussfaktoren*** abhängig. So z. B. ob der ***Zeitpunkt*** für das Gespräch gut gewählt wurde, wie die Gesprächspartner/-innen auf das Gespräch *vorbereitet* waren/sind, wie viel **Zeit** überhaupt zur Verfügung steht und ob diese ausreicht, das Thema erschöpfend zu besprechen, wie gut oder belastet die ***Beziehung*** der Gesprächspartner/-innen im Vorwege war und gegenwärtig ist, wie die Gesprächspartner/-innen bereit sind, sich auf das Thema sowie die andere Person einzulassen, wie (un-)voreingenommen die Gesprächspartner/-innen aufeinander zugehen, wie viel Wertschätzung oder Geringschätzung die Gesprächspartner/-innen dem Gegenüber entgegenbringen, wie (un-)klar die ***Sprachformulierungen*** sind, welche ***Gesprächziele wirklich/eigentlich*** im Vordergrund stehen, ob man sich selbst während des Gesprächs angegriffen fühlt oder den anderen auch angreift, welche ***körpersprachlichen Signale*** ausgesandt und wie die empfangenen körpersprachlichen Signale gedeutet werden, ob der ***Sprachausdruck*** für den anderen verständlich ist, ob ein *aktives Zuhören* auf beiden Seiten stattfindet oder welches ***Gesprächsklima*** vorherrscht, mit welcher ***Motivation*** das Gespräch geführt wird, wie „heikel" der ***Gesprächsanlass*** ist, wie viel ***Fachwissen*** für eine inhaltliche Erörterung vorherrscht, welche ***Methoden*** für die Gesprächsführung gewählt werden und wie Gesprächsanlass, Zielsetzung und Methoden zusammenpassen.

Diese und weitere Merkmale tragen letztlich dazu bei, dass man selbst – ebenso wie die Gesprächspartner/-innen – den Eindruck von einem erfolgreichen oder erfolglosen Gespräch hat.

Gespräche mit Kindern, Koller/-innen, Eltern, externen Fachkräften können sicherlich nur dann „erfolgreich" verlaufen, wenn man selbst

- aktiv bemüht ist, das hören zu *wollen*, was andere einem sagen möchten und nicht das zu hören, was man *selbst hören will;*
- dem anderen dabei behilflich sein *will,* sich in der Form ausdrücken zu können, dass seine Botschaft möglichst selbst gesteuert zum Ausdruck kommen kann, um zu verstehen, was der andere *tatsächlich zu sagen hat;*
- das *Vertrauen* in seine Gesprächspartner/-innen setzt, das notwendig ist, um eine faire Kommunikation zu ermöglichen;
- imstande ist, seine eigenen *Empfindungen* während eines Gesprächs zu bemerken und bereit ist, sich der Frage zu stellen, wo bei diesen Gefühlen *eigene Anteile* dazu beitragen, dass man diese oder jene Äußerung so *emotional* erlebt;
- davon überzeugt ist, dass man andere Menschen *nicht verändern kann* – wohl aber in der Lage ist, ihnen durch die Art der Gesprächsführung dabei zu helfen, sich selbst ändern zu können;
- Gespräche als einen *reichhaltigen Schatz von neuen Erfahrungsmöglichkeiten für sich selbst* ansieht, der voller Überraschungen und wundervoller Neuentdeckungen steckt;
- in der Lage und bereit ist, die *Mitverantwortung für einen Gesprächsverlauf* mit zu übernehmen;
- den Anspruch aufgibt, andere von etwas überzeugen zu wollen und stattdessen eine Gesprächsführung nutzt, die *überzeugend* wirkt!

Gerade der letzte Punkt bringt für die Gesprächsführung etwas Entscheidendes zum Ausdruck. **Viele Gespräche werden mit dem Ziel geführt, Gesprächspartner/-innen von etwas Bestimmtem zu überzeugen zu wollen.** Dabei wird vergessen, dass „Überzeugungsarbeit" nicht nur ein Ungleichgewicht in der Kommunikation provoziert (nach dem Motto: Ich weiß was richtig ist und du siehst die Sache falsch!), sondern auch ein „Machtspiel" in Gang setzt (nach dem Motto: Ich will bestimmen, wo es lang geht, und du hast meinen Erwartungen zu entsprechen). Doch „Machtansprüche" setzen schnell bei den Gesprächspartnern ein Gefühl von Ohnmacht in Gang. Darüber hinaus werden ***Abwehrmechanismen*** provoziert und schnell mündet ein Gespräch in einen starren Positionskampf. So können Gespräche Menschen trennen oder verbinden, wieder zusammen- oder weiter auseinanderbringen; Gespräche können Brücken bilden oder unüberwindliche Gräben reißen, Gespräche können Grenzen überwinden (helfen) oder Kriege in Gang setzen.

Zielorientierte Gesprächsführung – Besonderheiten und Hinweise

> *„Wenn die Worte nicht stimmen, dann ist das Gesagte nicht das Gemeinte. Wenn das, was gesagt wird, nicht stimmt, dann stimmen die Werke nicht. Gedeihen die Werke nicht, so verderben Sitte und Künste. Darum achte man darauf, dass die Worte stimmen. Das ist das Wichtigste von allem."*
>
> ***Konfuzius,***
> ***chinesischer Philosoph, 551–479 v. Chr.***

Jede Fachkraft, die rückblickend den Verlauf vieler Gespräche reflektiert, wird schnell feststellen, dass es einerseits Gespräche gab, die wie gewünscht oder erwartet verlaufen sind und andere Gespräche wiederum eine Richtung eingeschlagen haben, die alles andere als gut abgelaufen sind. Schnell taucht die Frage auf, woran es gelegen hat, dass manche Gespräche einen guten Verlauf nahmen und andere völlig aus dem Ruder liefen. Um in den unterschiedlichsten Situationen und bei den verschiedensten Gesprächsanlässen mit den vielen unterschiedlichen Personen ein „gutes“ Gespräch führen zu können, bedarf es bei den Fachkräften einer breiten ***Gesprächskompetenz.*** Sie stellt in der Arbeit eine der wesentlichen ***Schlüsselkompetenzen*** dar und setzt sich aus drei Kompetenzfeldern zusammen (vgl. Huisken 2004, S. 8):

1.) ***Selbstkompetenz:*** Damit sind beispielsweise die Fähigkeiten gemeint, sich selbst kritisch beobachten zu können, eigene Sichtweisen nicht zum Aund O einer Betrachtungsweise von Situationen zu erklären, fremde Sichtweisen verstehen zu wollen (ohne diese akzeptieren zu müssen!), Mitverantwortung für den Verlauf eines Gesprächs zu übernehmen, Belastbarkeit zu besitzen, um Widersprüche in einem Gespräch für eine begrenzte Zeit aushalten zu können, bei sich selbst eine mögliche Perspektivänderung zulassen zu können sowie Sachinhalte von Beziehungsaspekten trennen zu können.

2.) ***Fachkompetenz:*** Diese drückt sich beispielsweise durch ein fundiertes Wissen über Kommunikationsvorgänge und Interaktionsmechanismen sowie durch ein spezifisches Fachwissen aus, das die fachliche Grundlage für jedes Gespräch bildet. Wenn Kommunikationsvorgänge verstanden werden ist es möglich, bewusst und zielorientiert schon während des Gesprächs neue Handlungsschritte gedanklich zu entwerfen und umzusetzen. **Spezifisches Fachwissen** ermöglicht darüber hinaus die Chance, mithilfe fundierter Informationen für eine tiefe inhaltliche Orientierung während des Gesprächs zu sorgen. Gleichzeitig kann mit einem guten Methodenwissen das Gespräch so gestaltet werden, dass anvisierte Ziele effizient erreicht werden können.

3.) ***Sozialkompetenz:*** Das dritte Kompetenzfeld bezieht sich auf die Gestaltung der Umgangskultur mit den Gesprächspartner/-

innen. Diese Kompetenz ist in ihrer Wertigkeit in keiner Weise den beiden zuvor genannten Kompetenzen untergeordnet, sondern wird zur tragenden Säule eines Gesprächs. **Freundlichkeit, Aufgeschlossenheit und Zuwendung** schaffen erst die Voraussetzung dafür, dass sich Gesprächspartner/-innen auf eine inhaltliche Auseinandersetzung einlassen können. Dabei kommt es vor allem darauf an, die beiden Aspekte „Nähe und Distanz" in ein angemessenes und ausgewogenes Verhältnis zu bringen, Kongruenz (= Stimmigkeit, Deckungsgleichheit von Person und Worten) zu transportieren und so mit dem anderen zu kommunizieren, dass eine **vertrauensvolle Beziehung** entstehen kann.

Eine zielorientierte Gesprächsführung kann zunächst grundsätzlich nur dann gelingen, wenn vier Hauptmerkmale zusammentreffen:
Einfachheit von Satzbau, Wortwahl und der erwähnten Sachverhalte (1),
Struktur und klare Gliederung (2),
Kürze und Prägnanz (3) sowie
Beachtung der Beziehung (4).

Eine Reihenfolge gibt es bei diesen Hauptmerkmalen nicht. Alle vier Aspekte stehen gleichberechtigt nebeneinander.

Diese vier Merkmale sind *weitestgehend unabhängig* von einem Gesprächsanlass und lassen sich daher allen Gesprächshintergründen zuordnen. Um diese Merkmale zu verdeutlichen, sollen kurze Erläuterungen folgen:

zu 1: Kennzeichnende Merkmale „Einfachheit"

konstruktive Sprachgestaltung	**destruktive Sprachgestaltung**
kurze, einfache, klare Sätze	lange, überladene, verschachtelte Sätze
leicht verständlich	schwer verständlich

konstruktive Sprachgestaltung	destruktive Sprachgestaltung
einfache Darstellung des Sachverhalts	komplizierte Darstellung des Sachverhalts
anschauliche Formulierung	unanschauliche Formulierung
konkrete Beschreibung	abstrakte Beschreibung
einprägsame Formulierung	schwer zu behaltende Inhalte

zu 2: Kennzeichnende Merkmale „Struktur/Gliederung"

konstruktive Sprachgestaltung	destruktive Sprachgestaltung
klare Gliederung des Satzes/der Inhalte	ungegliederte Sätze und Inhalte
folgerichtiger Aufbau des Inhalts	zusammenhangloser Aufbau
übersichtliche, innere Ordnung der Inhalte	unübersichtliche Ordnung der Inhalte

zu 3: Kennzeichnende Merkmale „Kürze und Prägnanz"

konstruktive Sprachgestaltung	destruktive Sprachgestaltung
kurze, knappe Darstellung der Inhalte	langatmige, weitschweifige Ausführungen
Beschränkung auf das Wesentliche	bringt viele unwesentliche Informationen
Informationen „treffen den Nagel auf den Kopf"	Informationen irritieren durch viele zusätzliche Erläuterungen

zu 4: Kennzeichnende Merkmale „Beachtung der Beziehung"

konstruktive Sprachgestaltung	destruktive Sprachgestaltung
anregende Sprache	langweilige, monotone Sprache
interessante und lebendige Formulierungen	nüchterne, rein sachorientierte Formulierung
zugewandte, dialogisch geführtes Gespräch	abgewandter Monolog

Eine zielorientierte Gesprächsführung hat stets den Gesprächspartner/die Gesprächspartnerin im Blick, um einerseits als Sender für eine attraktive Sprache zu sorgen und andererseits den Empfänger im Auge zu haben, um abschätzen zu können, wie seine Gesprächsbotschaften ankommen und ob es Irritationen gibt bzw. Verbesserungen des eigenen Sprachverhaltens angezeigt sind.

Elementarpädagogische Fachkräfte führen während ihres Arbeitsalltags viele Gespräche – nicht nur mit Kindern, sondern auch mit Eltern, Kollegen, dem Träger, den kooperierenden Therapeuten, Kinderärzten, Lehrkräften und anderen Menschen.

Es sind vermehrt Tür- und Angelgespräche, wenn es beispielsweise darum geht, knappe Informationen weiterzugeben oder kurze Informationen auszutauschen. Daneben gibt es aber auch viele geplante Gespräche, wenn es beispielsweise um die Frage der Schulfähigkeit eines Kindes geht, wenn es sich um Entwicklungsberichte dreht, wenn ein Konfliktgespräch mit Kollegen oder Eltern ansteht oder wenn es sich um bedeutsame Verhandlungsgespräche (z. B. Sponsoring) handelt. Dabei ist es unerheblich, ob es sich um ein Informations-, Streit-, Konflikt- Geschäfts- oder Beratungsgespräch handelt – stets spielt die Entscheidung der gesprächsführenden Person eine Rolle, ob sie ein „professionell" gestaltetes Gespräch führen möchte oder dem Zufall für den Gesprächsverlauf die Oberhand überlassen möchte.

Solche Gespräche - vor allem mit Eltern oder externen Fachkräften - **wollen stets gut vorbereitet und effektiv durchgeführt werden.** Um diese Gespräche geht es im folgenden Teil.

Grundsätzlich kann jedes Gespräch in **fünf Phasen** aufgeteilt werden, die dazu beitragen, dass Gesprächsprozesse steuerbar und damit zielorientierter verlaufen als Gespräche, die „aus dem Bauch heraus", spontan, ungeplant und bisweilen „unbedacht" geführt werden.

Phase 1	Vorbereitung auf das zu führende Gespräch
Phase 2	Begrüßung und Einleitung in das Gesprächsthema
Phase 3	Hauptteil des Gesprächs; gemeinsame Erörterung des Themas
Phase 4	Abschluss des Gesprächs und Verabschiedung
Phase 5	Nachbereitung des Gesprächs

Die 5 Phasen eines Gesprächs

> *„Nur wer weiß, wohin er will, darf sich darüber freuen, dort anzukommen, wohin er wollte."*
>
> ***AK***

Zu 1: Gespräche wollen vorbereitet werden. Dabei stehen meist folgende Fragen im Vordergrund:

- Mit wem habe ich es im Gespräch zu tun? Wie wird die Motivation des Gesprächspartners aussehen, mit welchen Absichten wird der Gesprächspartner zu mir kommen, was sind seine (eindeutigen) Ziele und welche Argumente wird der Gesprächspartner vorbringen?

- Welcher Ort ist für das Gespräch günstig? Wie können weitestgehend Störungen während des Gesprächs ausgeschlossen werden? Wie viel Zeit soll für das Gespräch angesetzt werden? Sind Materialien oder irgendwelche Unterlagen für das Gespräch notwendig? Soll das Gespräch als Dialog stattfinden oder sollen weitere Gesprächspartner/-innen dazukommen? Bin ich auf das Gespräch argumentativ gut vorbereitet und sind mir die Argumentationspläne weitestgehend vertraut?

Zu 2: Untersuchungen zur Qualität von Gesprächsverläufen haben immer wieder gezeigt, dass die „Einführungsphase" des Gesprächs einen entscheidenden Einfluss auf den gesamten Verlauf hat. Insoweit muss es schon bei der Begrüßung darum gehen, eine **möglichst entspannte Atmosphäre** herzustellen, Sympathie zu empfinden und Vertrauen auszudrücken, geht es doch darum, einen bestimmten Gesichtspunkt eines inhaltlichen Schwerpunkts, einer Frage, eines Konflikts oder eines Problems miteinander klären zu wollen. Um sich selbst und den/die Gesprächspartner/-innen auf die Themenstellung auszurichten, ist es immer günstig, mit kurzen, klaren Sätzen den Gesprächsschwerpunkt zu umreißen. Nur so können alle Beteiligten von einem gemeinsamen Ausgangspunkt ausgehen und Irritationen über die Zielrichtung ausschließen.

Zu 3: Der Hauptteil und die Erörterung des Themas werden sicherlich den größten Bereich einnehmen. Dabei wird es vor allem auf folgende Aspekte ankommen:

- Die eigenen Argumente und (Hintergrund-)Informationen sollten verständlich und anschaulich formuliert werden.
- Die eigene Sprache sollte eindrucksvoll gestaltet und modelliert sein.
- Der Gesprächspartner kann erwarten, dass ihm aufmerksam zugehört wird und dass seine Argumente/Informationen aufgegriffen werden.
- Eigene Positionen sollten möglichst sachlich und klar zum Ausdruck kommen.
- Behauptungen und Stellungnahmen müssen mit Fakten und Beispielen belegt werden.
- Es ist notwendig, immer wieder darauf zu achten, dass der gesamte Inhalt mit dem Thema in Einklang steht. Abschweifungen müssen bemerkt werden, um im Gesprächsverlauf wieder „den roten Faden" aufzunehmen/zu finden.

- Die eigenen Argumente sollten logisch aufgebaut und strukturiert sein, um dem Gesprächspartner dabei behilflich zu sein, der Argumentationsführung folgen zu können.
- Eine Unterstützung der Sprache durch eine entsprechende Körpersprache ist vor allem sinnvoll, um die bedeutsamen Inhalte „ganzheitlich" zu unterstreichen.
- Bei schwierigeren und umfangreichen Sachverhalten spricht nichts dagegen, dass Notizen gemacht werden. Sie helfen dabei, zurückliegende Argumente noch einmal aufzugreifen oder Grundlagen für eine spätere Auswertung zu haben.

Zu 4: Die meisten Gespräche enden mit diesem Hauptteil. Damit bleibt ein vollständiges Gespräch allerdings immer lückenhaft. Daher ist es unumgänglich, einen **gemeinsamen Abschluss** zu finden und eine **wertschätzende Verabschiedung** vorzunehmen.

- Es ist hilfreich, wenn am Ende des Gesprächs immer eine kurze Zusammenfassung mit den wichtigsten Argumenten bzw. Gesprächsergebnissen erfolgt.
- Alle Gesprächspartner sollten die Möglichkeit nutzen, ihren Eindruck von dem Gesprächsverlauf zu äußern.
- Aus den besprochenen Argumenten bzw. Konsequenzen können nun praktische Schlussfolgerungen gezogen werden, die gleichzeitig dazu dienen, ein weiteres Vorgehen anzudenken.
- Ggf. kann ein weiterer, fester Gesprächstermin vereinbart werden.
- Die Verabschiedung sollte immer konstruktiv verlaufen.

Zu 5: Im Anschluss an ein Gespräch werden die schriftlichen Aufzeichnungen oder Gedanken **ausgewertet.** Dabei können folgende Fragen im Vordergrund stehen: Was ist gut, was weniger gut gelaufen? Wurde das gesetzte Ziel erreicht? Was hätte besser gemacht werden können und was bedeutet das für die Zukunft? Worauf ist beim nächsten Gespräch besonders zu achten?

Neben einer guten Vorbereitung, Durchführung und Auswertung spielt natürlich auch die **Sprache selbst** eine große Rolle! So gibt es Personen, denen man gern zuhört, bei denen es eine Freude ist, sich mit ihnen unterhalten zu dürfen und es gibt Menschen, bei denen es schon nach kurzer Zeit schwerfällt, auf ihre Aussagen zu achten. Doch bevor es darum gehen könnte, sich gedanklich auf andere Gesprächspartner/-innen zu konzentrieren, sollte zunächst der Schwerpunkt auf ein genaueres Kennenlernen der eigenen Sprach- und Sprechfertigkeiten gelegt werden.

Der folgende ***Reflexionsbogen*** kann dabei helfen, sein eigenes Sprach- und Sprechverhalten zu erfassen und ggf. zu verändern:

Aussprache	**Satzbau**	**Sprachmarotte**	**Sprechbeginn**	**Sprechtempo**	**Stimmkraft**	**Stimmfarbe**
deutlich	einfach strukturiert	häufige Wiederholungen	ängstlich	langsam	leise	weich
verwaschen	mittellang	„Ich würde sagen"	ungeduldig	mittel	(zu) laut	hart
näselnd	lang	„irgendwie"	fragend	schnell	dynamisch	melodisch
nuschelig	eintönig	viele „Ähs"	originell	hastig, rasend	gepresst	voluminös
akzentuiert	verschachtelt	viele „und"	bestimmend	abgehackt	entspannt	flach
stockend	kompliziert	viele „ich"	schüchtern	ohne Pausen	schrill	hell

Aussprache	Satzbau	Sprachmarotte	Sprechbeginn	Sprechtempo	Stimmkraft	Stimmfarbe
fließend	vollständig	viele Fremdwörter	rücksichtsvoll	mit Pausen	schneidend	dunkel
lispelnd	abgebrochen	viele Anglizismen	rücksichtslos	mit zu langen Pausen	gleich bleibend	kippend
überdeutlich	abstrakt	„Ich sag' mal ..."	lebhaft	„ohne Luft zu holen"	wechselnd	betonend
sorgfältig	konkret	Viele „ne" am Satzende	sicher	einschläfernd	gewaltig	voll
rhythmisch	grammatikalisch korrekt	„eigentlich"	spannend	gehetzt	zurückhaltend	leer
	grammatikalisch falsch	„Man sollte ..."	fesselnd			
		„Ja, aber..."	interessant			

Reflexionsbogen zum eigenen Sprach- und Sprechverhalten

Zusammenfassung: Überall dort, wo Menschen etwas in Bewegung setzen wollen – so auch in Gesprächen und durch ihre Art der Gesprächsführung – ist es vor allem die *Person* mit ihren besonderen Verhaltensmerkmalen, die entsprechende Bewegungen bewirkt.

Eine zielorientierte Gesprächsführung kommt dann besonders zur Wirkung, wenn sprachgewandte Personen

- eine ansprechende Ausstrahlung besitzen;
- überzeugend wirken, ohne überzeugen zu wollen, und dadurch Vertrauen bewirken;
- von ihren Ideen selbst begeistert sind und diese Begeisterung ausdrücken;

- Verantwortung für den Gesprächsverlauf übernehmen;
- Fachkompetenz besitzen und mit abgesicherten Informationen sorgsam umgehen;
- neugierig auf Gespräche und ihre Gesprächspartner/-innen zugehen;
- die Bereitschaft mitbringen, auch selbst durch die Gespräche dazulernen zu wollen;
- geordnete Denkstrategien und eine hohe Sprachkompetenz besitzen;
- Gesprächshindernisse als Herausforderungen annehmen und Probleme in Anforderungen umdeuten;
- ihre „inneren Gedanken" nach „außen leben";
- authentisch in Gespräche gehen und sich authentisch verhalten;
- in ihren Gesprächspartner/-innen das Gute und gleichzeitig deren Bemühungen sehen, ihre Positionen zu verdeutlichen;
- sich immer wieder auf das Wesentliche, den Ausgangspunkt und Kern des Gesprächs konzentrieren;
- mit ihrem ganzen Körper sprechen und durch Körpersprache die Wertigkeit ihrer Worte unterstützen;
- ihre eigenen Gesprächsfehler immer wieder aufs Neue entdecken und daran arbeiten, diese zu minimieren;
- mit Ruhe und Gelassenheit zuhören können;
- selbst ganz viel Freude über ihre Sprachkompetenz empfinden und

- sich selbst auf die Gegenwart dieses Gesprächs einlassen können, ohne sich richtungweisend von vergangenen Erfahrungen mit ihren Gesprächspartner/-innen leiten zu lassen bzw. an künftige Herausforderungen zu denken;
- die Kraft der Sprache und die Macht der Worte zu schätzen wissen.

Fournier spricht in diesem Zusammenhang von der „Persönlichkeit eines charismatischen Redners" (2000, S. 208ff.). Dabei treffen Menschlichkeit, Selbstbewusstsein, Authentizität, Sprachkompetenz und Begeisterungsfähigkeit zusammen (vgl. Etrillard 2003, S. 72ff.).

Zehn hilfreiche Hinweise für eine zielorientierte Gesprächsführung

Wenn davon ausgegangen werden kann, dass der Mensch 10 % von dem, was er liest, behält, 20 % von dem, was er hört, 30 % von dem, was er sieht, 50 % von dem, was er hört und sieht, 70 % von dem, was er selbst sagt, und 90 % von dem, was er selbst tut (Wirtschaftsakademie Kiel, o. J.), dann sollten diese Erkenntnisse auch für die Gesprächsführung bedeutsam sein. Was heißt das?

1. Bei Informations-, Verhandlungs- oder Beratungsgesprächen bietet es sich an, beispielsweise **vorbereitete Papiere/Folien** zur Hand zu haben und während eines Gesprächs einzusetzen oder **Aufzeichnungen in einem Gespräch selbst anzufertigen,** um die gesprochenen Worte auch visuell zu unterstützen!

2. Gespräche sind dann besonders anregend und aktivierend, wenn Gesprächspartner/-innen immer **wieder aufs Neue in das Gespräch einbezogen werden** und nicht in eine defensive Zuhörer/-innenrolle gedrängt werden.

3. Es geht in einem Informations-, Verhandlungs- oder Beratungsgespräch weniger darum, seine eigene Meinung zu sagen als vielmehr ***Daten und Fakten*** zu benennen. Zweifelsohne ist es daher nicht gesprächsförderlich, einen Satz mit den Worten „Ich bin der Meinung, dass ..." zu beginnen, sondern zu sagen: „Es ist bekannt, dass ..." oder „Die Tatsachen sehen wie folgt aus: ..."

4. Eine **klare Gegenüberstellung von Alternativen** bringt gerade dann „die Inhalte auf den Punkt", wenn Gesprächspartner/-innen eigene Vorschläge oder Alternativen „zerreden". Beispielsweise kann gesagt werden: „Es gibt zur Lösung des anstehenden Problems nur zwei Wege: Entweder ... mit der Folge, dass ... oder ... mit der Folge, dass ..."

5. Gesprächspartner/-innen, die besonders gern zu allen Vorschlägen in einem Informations-, Beratungs- oder Verhandlungsgespräch mit einem „Ja, aber ..." reagieren, kann „der Wind aus den Segeln genommen werden", wenn man **selbst Einwände vorweg nimmt.** Z. B.: „ Nun könnten beispielsweise folgende Bedenken geäußert werden: ... Diese wären allerdings aus folgenden Gründen nicht haltbar: 1..., 2..."

6. In Gesprächen, bei denen die Gesprächspartner/-innen alle Vorschläge abwehren, ist es besser, **nicht immer wieder selbst neue Argumente nachzuliefern** oder schon benannte Fakten zu wiederholen, sondern stattdessen **Gegenfragen zu stellen.** Beispiel: „Sie haben bisher alle Vorschläge zur Problemlösung (bzw. Argumente) abgewehrt. Daher meine konkrete Frage an Sie: Welchen konkreten Vorschlag können Sie hier und jetzt benennen, um das anstehende Problem anders zu lösen?"

7. Gespräche oder Argumente, die sehr emotional geführt werden, müssen **versachlicht** werden. Beispiel: „Lautes Anschreien, persönliche Vorwürfe, unsachliche Angriffe führen in dieser Angelegenheit und auf der Suche nach einer sachlichen Lösung nicht

weiter. Ausgangspunkt der Diskussion war doch, dass ... Insofern muss es nun darum gehen, die anstehende Frage sachlich zu erörtern ..."

8. Häufig kommt es in Gesprächen zu personalisierten Angriffen („Du hast aber gesagt .../Du hast doch damit angefangen .../Wenn du nicht das getan hättest ..."). Hier gibt es nur eine Lösung, nämlich den **Sachinhalt von der Person – dem Beziehungsaspekt – zu trennen.** Beispiel: „Es darf hier nicht um Schuld oder Unschuld gehen. Das führt in der vorliegenden Angelegenheit kein Stück weiter. Vielmehr muss die Blickrichtung auf eine angemessene Problemlösung ausgerichtet sein. Also: „Wie kann eine bestmögliche Lösung konkret aussehen?"

9. Wenn Gesprächspartner/-innen sehr häufig Einwände gegen alle möglichen Vorschläge erheben („Das geht doch nicht ..."/„Da werden nicht alle mitmachen ..."/„Das klappt nie ..."), ist es hilfreich, diese **geäußerten Einwände zurückzustellen.** Beispiel: „Diese Bedenken können und sollten erst dann aufgenommen werden, wenn sie faktisch, beobachtbar zutreffend sind. Das ist zurzeit noch nicht der Fall. Insofern wird es zum gegebenen Anlass ein anderer Zeitpunkt sein."

10. In Gesprächen werden häufig Argumentationen unstrukturiert aneinandergereiht, in der festen Überzeugung, dass Lautstärke und Argumentationsmengen zum „Erfolg" führen. Das trifft selbstverständlich nicht zu, sondern führt vielmehr zu beziehungsorientierten Kampfgesprächen. Hilfreicher ist es immer, die **Argumente nach ihrem Bedeutungswert zu gewichten**, mit dem unwichtigsten Argument zu beginnen, mit dem wichtigsten Argument zu enden und jedes Argument einzeln (!) in einem abgeschlossenen Satz unterzubringen.

11. In jedem Informations-, Beratungs- oder Verhandlungsgespräch sollte von Zeit zu Zeit eine **kurze Bestandsaufnahme/eine kurze**

Zusammenfassung vorgenommen werden. Beispiel: „Aus dem bisherigen Gespräch hat sich also folgendes herausgestellt (ergeben): …"

Argumentationspläne: Grundlagen einer professionellen Gesprächsführung

> *„Worte waren ursprünglich Zauber, und das Wort hat noch heute viel von seiner alten Zauberkraft bewahrt. Durch Worte kann ein Mensch den anderen selig machen oder zur Verzweiflung treiben, durch Worte überträgt der Lehrer sein Wissen auf die Schüler, durch Worte reißt der Redner die Versammlung der Zuhörer mit sich fort und bestimmt ihre Urteile und Entscheidungen. Worte rufen Affekte hervor und sind das allgemeine Mittel zur Beeinflussung der Menschen untereinander."* **Aristoteles, in Dilts 2001, S. 20**

Eine professionelle Gesprächsführung zeichnet sich u. a. durch ein **strukturiertes Sprachhandeln** aus. D. h., dass Sprache in zweierlei Hinsicht konstruktiv wirksam ist: Zum einen ‚zwingt' ein strukturiertes Sprachhandeln den Sprecher selbst dazu, seine Ausdrucksweise zu überprüfen, seine Worte sorgsamer auszuwählen und seine Satzaussagen aufgabenorientierter zu formulieren. Zum anderen ist es für die Gesprächspartner/-innen hilfreicher, weil es ihnen dadurch eher möglich wird, dem gesprochenen Text zu folgen und besser zu verstehen, was der andere zu sagen hat.

Alle Personen, die in der Praxis stehen, wissen, dass Informations-, Verhandlungs- oder Beratungsgespräche eher unter ungünstigen Einflussfaktoren stehen: Der Zeitrahmen für ein Gespräch ist (meist zu eng) begrenzt, die Gesprächspartner/-innen kommen häufig nicht sehr motiviert zu den angesetzten Gesprächen, man selbst steht unter einem gewissen Erwartungs-/Erfolgsdruck und die Räumlichkeiten für ein Gespräch bringen nicht die Ruhe, die man sich für ein wichtiges Gespräch wünscht. Umso bedeutsamer ist es, durch besondere Formen der Gesprächsführung **in möglichst kurzer Zeit mit möglichst treffgenauen Formulierungen ein möglichst gutes Gesprächsergebnis zu erzielen.**

Dabei wird die Nutzung sogenannter **Argumentationspläne** (vgl. Schuh/Watzke 1983, S. 70ff.; Nix 1990, S. 94ff.; Etrillard 2003, S. 100ff.) besonders hilfreich sein.

> Argumentationspläne sind ein Gesprächsplanungs- und Formulierungsmodell, um zielgerichtet und überzeugend seine eigenen Redeäußerungen wirkungsvoll einzusetzen.

Argumentationspläne bestehen immer aus fünf Sätzen. Sie sind so aufgebaut, dass mit ihrer Hilfe den Gesprächsteilnehmer/-innen eine logische Argumentationsfolge angeboten wird, die konsequent auf einen Zielsatz ausgerichtet ist. **Dabei besteht jeder Argumentationsplan aus einer Einleitung, einem Hauptteil und einem Schluss.**

Für die Praxis können sechs unterschiedliche Argumentationspläne empfohlen werden, die je nach Ausgangslage gewählt und dann genutzt werden können. Ihre Bezeichnungen lauten: **der Aufsatzplan; die Kette, vom Allgemeinen zum Besonderen; der Vergleich; der Kompromiss und die Ausklammerung.**

Jeder Argumentationsplan hat seinen eigenen, unverwechselbaren Aufbau, wobei es hilfreich ist, sich diese Aufbaustruktur einzuprägen und als gedankliche, visualisierte Hilfestellung „im Kopf zu haben", um den jeweiligen Argumentationsplan dann besonders schnell abzurufen, wenn er fachkompetent eingesetzt werden soll.

(5) Aus diesem Grunde ist es unbedingt wünschenswert und zu begrüßen, wenn Sie einen engen Kontakt zu uns halten, unsere Gesprächsangebote wahrnehmen, Elternnachmittage/-abende besuchen und uns bei den vielfältigen Tätigkeiten auch aktiv unterstützen.

> **3.) Vom Allgemeinen zum Besonderen:** Dabei wird das eigene Gesprächsziel im Widerspruch zur inhaltlichen Einschätzung der Gesprächspartner/-innen stehen, von dem diese Argumentation ausgeht. Im ersten Satz – dem Allgemeinen – müssen sich die Gesprächspartner angenommen fühlen und heraushören, dass sie nicht die einzigen sind, die diesen Gedankengang/diese Vorstellung/diese Meinung haben.

Vom Allgemeinen zum Besonderen: Aufbau dieser 5-Satz-Folge:

1. Ausführung einer allgemeingültigen Sichtweise
2. Kurzausführung einer fachlichen begründeten Sichtweise
3. Erste Argumentation zur Begründung dieser Sichtweise
4. Zweite Argumentation zur Begründung dieser Sichtweise
5. Zielsatz

Beispiele

(1) „Frau/Herr ..., viele Eltern, Lehrer/-innen und Kinderärzte glauben, dass Kinder schon im Kleinstkind- und Kindergartenalter durch möglichst viele Übungen und Trainingsangebote auf eine Schulfähigkeit hin trainiert werden können/müssen.

(2) Heutige Erkenntnisse aus der Bildungsforschung und der Neurobiologie (also der Hirnforschung) zeigen allerdings, dass diese allgemeine und weit verbreitete Annahme nicht richtig ist.

(3) Erstens lernen Kinder nur dann, wenn sie selbst bestimmte Themen und Schwerpunkte vertiefen können, um eigenen Lerninteressen nachzugehen.

(4) Zweitens müssen sich Kinder emotional – also gefühlsmäßig – von den Themen angesprochen fühlen, damit sie mit innerer Begeisterung und tiefer Neugierde dabei sind und sich regelrecht in ihr Thema hineinknien.

(5) Aus diesem Grunde bieten wir ganz bewusst keine allgemeinen Vorschulübungen an, sondern leiten aus den Interessen der Kinder spannende Projekte ab, in denen Kinder mit „Herz, Hand und Kopf" dabei sind – und genau das fördert eine besonders nachhaltige Bildung, wie uns dies immer wieder Bildungs- und Schulfähigkeitsforscher bestätigen.

4.) Der Vergleich: Dieser Argumentationsplan lebt aus einer gezielten Gegenüberstellung von zwei gegensätzlichen Einschätzungen, um beide in ihrer Wirkungslosigkeit vorzuführen, und um im fünften Satz die eigene Information fachkompetent anzubieten. Die Kunst dieser Vergleichsformulierung besteht darin, den Gesprächspartnern durch die Gegenüberstellungen die Möglichkeit zu bieten, sich weder mit dem ersten Argument noch mit dem zweiten Argument zu identifizieren, damit der fünfte Satz annehmbar wird.

Der Vergleich baut sich in folgender 5-Satz-Folge auf:

1. Vorstellung eines realistischen Extrembeispiels
2. Kurzausführung des genannten Extrembeispiels
3. Vorstellung eines gegensätzlichen, realistischen Extrembeispiels
4. Kurzausführung des genannten Extrembeispiels
5. Zielsatz, der der eigenen Sichtweise entspricht

Beispiele

(1) „Frau/Herr ..., wir und auch viele andere Kindertageseinrichtungen haben es immer wieder mit Eltern zu tun, die ihre Kinder vom Zeitpunkt der Geburt tagtäglich mit Förderprogrammen

überschütten, aus Angst, dass irgendein sogenanntes Bildungsfenster ungenutzt bleiben könnte.

(2) Diese Eltern sind felsenfest davon überzeugt, dass ausschließlich sogenannte Förderprogramme ihr Kind am besten auf das Leben, die Schulzeit und das spätere Berufsleben vorbereiten.

(3) Dann gibt es Eltern, die sich in keiner Weise um die geistige, emotionale und soziale Entwicklung ihrer Kinder kümmern.

(4) Sie gehen davon aus, dass sich Kinder schon „irgendwie" entwickeln, und warten mehr oder weniger ab, was später einmal auf die Kinder zukommen wird.

(5) Beides – sowohl eine ehrgeizige Überforderung als auch eine ignorante Vernachlässigung – schadet den Kindern, und wir in diesem Kindergarten gehen genau den Mittelweg, indem wir Kinder in Alltagssituationen „ganz nebenbei" fördern und gleichzeitig darauf achten, dass sie nicht unterfordert werden."

5.) Der Kompromiss: Dabei werden zunächst zwei Positionen gegenübergestellt mit dem Ziel, eine bestimmte Gemeinsamkeit zwischen beiden Einschätzungen zu entdecken, um daraus einen Zielsatz ableiten zu können.

Der Kompromiss besteht aus folgender 5-Satz-Folge:

1. Aufgreifen des Gegenarguments/der Erwartung/der Forderung
2. Kurzdarstellung der eigenen Sichtweise
3. Herstellen des kleinsten gemeinsamen Nenners
4. Verdeutlichung der eigenen Sichtweise
5. Zielsatz

Beispiele

(1) Frau/Herr ..., Sie erwarten von uns als Kindertageseinrichtung, dass wir tagtäglich ganz gezielte Vorschulübungen mit Ihrem Kind praktizieren, damit Ihr Kind schulfähig wird.

(2) Auch wir wissen um die Bedeutung der frühkindlichen Bildung und unternehmen alles, damit jedes Kind einen optimalen Schulstart haben wird.

(3) Damit ist unser beider Anliegen – Ihres und unseres – absolut deckungsgleich, indem wir großen Wert darauf legen, dass Kinder gefördert werden.

(4) Allerdings bestehen wesentliche Unterschiede darin, wie eine Förderung im Sinne einer sogenannten nachhaltigen Bildung aussehen kann.

(5) Aus diesem Grunde erscheint es sinnvoll, dass wir Ihnen einmal mit Zeit und in Ruhe erläutern möchten, was Schulfähigkeit bedeutet, wie Kinder lernen und warum wir unsere Bildungsarbeit anders gestalten als Sie es sich vorstellen und wünschen.

(Anmerkung: Nun geht es in dem folgenden Beratungsgespräch darum, fachliche Argumente und Beispiele auszuführen, um den Eltern die Berechtigung und den Sinn einer sogenannten indirekten Schulfähigkeitsentwicklung fachkompetent zu verdeutlichen.

6.) Die Ausklammerung: Die Ausklammerung kann in der zielorientierten Gesprächsführung als „der letzte Versuch" betrachtet werden, um entwicklungshinderliche Äußerungen oder destruktive Verhaltensweisen von Gesprächspartner/Innen zu isolieren und um wieder auf eine konstruktive Zielorientierung zurückzukommen.

Die Ausklammerung baut sich durch die folgende 5-Satz-Folge auf:

1. Aufgreifen des Gegenargumentes
2. Ausführung/Begründung des Arguments
3. Klarstellung, worum es bei diesem Gespräch geht
4. Inhaltliche Kurzausführung des eigenen Schwerpunktes
5. Zielsatz

Beispiele

(1): „Herr/Frau ..., Sie fordern immer wieder von uns, dass wir mit Ihrem Sohn/Ihrer Tochter täglich kleine Englischübungen durchführen, mathematische Übungseinheiten in den Tagesablauf einbauen und naturwissenschaftliche Experimente unternehmen.

(2) Sie begründen Ihre Erwartungen damit, dass andere Kindergärten dies auch tun und haben Sorge, dass Ihr Kind nicht richtig gefördert wird.

(3) Diese Befürchtungen sind ebenso unbegründet wie Ihre Erwartungen auch unberechtigt sind.

(4) Vielmehr geht es darum, noch einmal ganz in Ruhe und mit fachlichen Argumenten an die Fragestellung heranzugehen, wie Kinder lernen und wie eine wirklich gute Bildungsarbeit mit Kindern gestaltet werden muss.

(5) Ich darf Sie daher bitten, Ihre persönlichen Ansichten über eine effektive Bildungsarbeit des Kindergartens zunächst zurückzustellen und den nun folgenden Fachausführungen Beachtung zu schenken."

(Anmerkung: Hier ist nun die elementarpädagogische Fachkraft gefordert, Argumente und Beispiele eines kindgerechten Lernens auf der Grundlage einer ganzheitlichen Bildungsarbeit vorzustellen und zu verdeutlichen.)

Alle Argumentationspläne können immer eine außergewöhnlich qualitätsorientierte Grundlage für Gespräche mit Erwachsenen (Eltern, Kollegen, dem Träger, Grundschullehrkräften, Kinderärzten ...) bilden! Um sie zu beherrschen, bedarf es einer regelmäßigen Übung! Gesprächsergebnisse machen immer wieder deutlich, wie hilfreich gerade diese gezielt eingesetzten Argumentationspläne sind. Hilfreich nicht, um eigene, persönliche Wünsche oder Vorstellungen durchzusetzen, sondern um fachlich notwendige Arbeitsergebnisse erzielen zu können.

Kommunikations- und Interaktionsstörungen/ Kommunikationsmuster

> *„Achte auf deine Gedanken, denn sie werden Worte. Achte auf deine Worte, denn sie werden Handlungen. Achte auf deine Handlungen, denn sie werden Gewohnheiten. Achte auf deine Gewohnheiten, denn sie werden dein Charakter. Achte auf deinen Charakter, denn er wird dein Schicksal."*
>
> ***Worte aus dem Talmud***

In Anlehnung an Knoll (1995) werden folgende Verhaltensmerkmale einer Gesprächsführung **besonders hinderlich** sein, um eine konstruktive Gesprächskultur entstehen zu lassen:

Die „goldenen Regeln" einer destruktiven Gesprächsführung:

- Versuche immer, deine Gesprächspartner zu unterbrechen und zu korrigieren, damit du deine Ansichten sofort preisgeben kannst.
- Stelle deine Überzeugung als die einzig richtige dar und unterstelle deinen Gesprächspartnern Unwissenheit und begrenzte Einsichten.
- Gib anderen jede Menge Ratschläge, egal ob diese passend sind oder nicht.
- Sprich immer von dir selbst, berichte aus eigenen Erfahrungen und erkläre deine Lebensweisheiten zu allgemeingültigen Lösungswegen.
- Bleibe immer ernst und unterdrücke vor allem Gefühle der Freude. Wenn du lachen musst, suche dir dazu die Abstellkammer oder einen Kellerraum aus.

- Greife nie – weder direkt noch indirekt – in Gruppenprozesse ein, sondern sei stets ein stiller Beobachter, um nicht das Risiko zu provozieren, selbst ins Schussfeld zu gelangen.
- Fühle dich bei Nachfragen stets persönlich angegriffen und ziehe dich dann entweder in dein „Schneckenhaus" zurück oder antworte mit minutenlangen Gegenangriffen.
- Nimm entweder jeden kleinsten Konflikt im Kollegium zum Anlass, um aus einer „Mücke einen Elefanten" zu machen, oder versuche bei Konflikten, möglichst schnell Harmonisierungstendenzen ins Spiel zu bringen, damit möglichst alle Konflikte verdeckt bleiben.
- Richte dein Gesprächsverhalten nach Sympathie oder Antipathie aus, um allen im Kollegium klarzumachen, wo deine Freunde und wo deine Feinde zu finden sind.
- Lass deiner Bewertungsmentalität freien Lauf und verurteile möglichst schnell alle ungewöhnlichen und innovativen Ideen, damit alles beim Alten bleiben kann.
- Stelle deinen Gesprächspartnern Fragen, doch warte erst gar nicht auf ihre Antworten, sondern schiebe sofort deine Antwort hinterher.
- Stelle so viele Fragen auf einmal, dass Gesprächspartner/-innen gar nicht wissen, auf welche Frage sie zuerst eingehen sollen.
- Beachte am besten die Argumente und Aussagen der Gesprächspartner/-innen gar nicht, sondern setze deine Argumentationskette ungehindert fort.
- Wenn deine Gesprächspartner/-innen versuchen, ihre Informationen an dich weiterzugeben, höre am besten gar nicht zu – beschäftige dich in dieser Zeit mit anderen Dingen, schau aus dem Fenster, lies in einer Zeitschrift oder schaue an die Decke.

Schaut man sich diese Merkmale einer **destruktiven Gesprächsführung** genauer an, sind in ihnen entsprechende Sperren auf dem Weg zu einer konstruktiven Kommunikation enthalten. Thomas Gordon hat in seinem weltweit bekannten Buch „Lehrer-Schüler-Konferenz" (1977, S. 51ff.) einmal eine Zusammenstellung der häufigsten **„Kommunikationssperren"** zusammengestellt. Sie entstehen dann, wenn folgende Ausdrucksweisen verstärkt benutzt werden und damit ein Gespräch auf eine einseitige Anklage, Verurteilung, Herabsetzung oder Bewertung ausrichten:

- **dirigieren** (= befehlen, kommandieren, anordnen). (Beispiel: „Wenn ich als Leitungskraft sage, dass die Aufgabenstellung so und so auszuführen ist, dann besteht kein individueller Spielraum für eigene Ideen. Wo kommen wir denn hin, wenn jeder seinen eigenen Vorstellungen nachgehen würde und wenn Leitungserwartungen offensichtlich ignoriert werden? Damit es klar ist: Ich erwarte, dass Anordnungen befolgt werden. Schließlich fällt alles auf mich zurück, wenn Dinge hier im Hause nicht klappen ...")
- **warnen, drohen** (Beispiel: „Wenn selbst diese Aufgabe für Sie zu schwer ist, dann darf man wohl die Frage stellen, für welche Aufgaben Sie überhaupt zu gebrauchen sind. Das kann und darf so nicht weitergehen ...")
- **moralisieren, predigen** (Beispiel: „Wie kann man nur so völlig unreflektiert an die Sache herangehen? Wo bleibt denn da die Professionalität und wo zeigt sich eine qualitativ hochwertige Zielorientierung? Was haben im Endeffekt die ganzen Fortbildungen und Supervisionssitzungen gebracht? Ich befürchte, nichts. Doch das darf so nicht stehen bleiben. Hier muss es Konsequenzen geben ... ")
- **Ratschläge erteilen,** Lösungen vorgeben oder Vorschläge anbieten. (Beispiel: „Am besten ist immer, folgendermaßen

zu reagieren: ... Wenn das nicht hilft, gibt es einen zweiten Weg, nämlich ... Versuche es mal, dich genau daran zu halten und lass dich nicht von deinem Weg abbringen, auch wenn es schwierig wird oder du andere Ideen hast. Das, was ich dir gesagt habe, hat sich bewährt und klappt in den meisten Fällen ...“)

- **belehren, Vorträge halten und immer wieder logische Argumente anbieten** (Beispiel: „Wenn eine solche Situation auftritt, muss es jeder Fachkraft automatisch klar sein, was zu tun ist: Erstens ...; zweitens ...; drittens ...; viertens ... und fünftens ... Und das Mindeste, was man von einer Fachkraft mit Berufserfahrung hätte erwarten können, wäre ... gewesen. Doch alles wurde außer Acht gelassen. Ich schlage vor, dass du noch einmal die Situation reflektierst und uns dann deine Ergebnisse präsentierst. Folgende Aufgabenstellung scheint dabei hilfreich zu sein: ...“)
- **verurteilen, kritisieren, widersprechen, beschuldigen** (Beispiel: „Du liebe Güte. So würde ja noch nicht einmal ein Berufsanfänger oder ein Praktikant handeln. Und du bist schon mehrere Jahre im Beruf. Es ist unglaublich, was du dir in deinem Beruf leistest ...“)
- **etikettieren** (= beschimpfen, Klischees verwenden) (Beispiel: „ Wer sich so verhalten hat wie du, scheint sowohl seinen gesunden Menschenverstand ausgeschaltet als auch seine Gehirnsubstanz auf Eis gelegt zu haben. Wie – das frage ich mich ständig – kann man nur so handeln? Vielleicht solltest du einmal überlegen, ob der Beruf überhaupt der richtige für dich ist ...“)
- **interpretieren, analysieren** (Beispiel: „Es ist doch ganz offensichtlich, warum du so handelst und denkst. Dir geht es stets um deine persönlichen Vorteile – nicht um die ge-

meinsame Aufgabe. Du scheinst den Ernst der Sache nicht zu verstehen, weil du immer nur dich und deine persönlichen Vorlieben vor Augen hast. Offensichtlich bist du nicht in der Lage, die großen Zusammenhänge zu sehen ...")

- **bagatellisieren** (= beruhigen, trösten, den subjektiven Erlebniswert verringern) (Beispiel: „Das ist doch wirklich kein Grund, so lange und so intensiv den traurigen Gedanken nachzuhängen. Weißt du eigentlich, worüber andere Menschen traurig sind? Da geht es um ihre Existenz und nicht um solche verhältnismäßig kleine Angelegenheit wie in diesem Fall. Komm bitte auf den Boden der Realität zurück und zügele deine unberechtigten Gefühle ...")
- **examinieren** (= jemanden ins Kreuzverhör nehmen, ausfragen, verhören) (Beispiel: „Was hast du dir eigentlich dabei gedacht, dich so zu verhalten, und wieso kommst du darauf, dass dein Vorgehen konstruktiv sein könnte? Und woher nimmst du überhaupt die Sicherheit zu behaupten, dass du im Recht bist? Wann hast du jemals etwas in die Wege geleitet, was unser Vorhaben nach vorn gebracht hat? Glaubst du allen Ernstes, dein Einsatz würde uns dem gesetzten Ziel näherbringen? ...)
- **sarkastisch sein** (Beispiel: „Ach – spielen wir wieder die „beleidigte Leberwurst"? Welche Laus ist Ihnen denn dieses Mal über die Leber gelaufen? Vielleicht sollte wirklich einmal etwas Dramatisches passieren, damit Sie überhaupt ein Gefühl dafür bekommen, was wirklich „schlimm" ist. Noch leben Sie – oder sollte ich lieber einen Krankenwagen bestellen?")
- **jemanden von seinem aktuellen Gefühl ablenken** (Beispiel: „Natürlich ist die Situation traurig und belastend. Doch an dem, was geschehen ist, kann keiner mehr etwas

- **sich identifizieren** (Beispiel: „Das kommt mir total bekannt vor. Ich kenne solche Probleme ebenfalls und dann stehe ich zumeist selbst neben mir …")
- **externalisieren** (= auf Randprobleme, Äußerlichkeiten zu sprechen kommen. Dadurch werden die eigentlichen Fragen oder Aufgaben nicht gelöst werden können) (Beispiel: „Was Sie da sagen, ist sicherlich wichtig. Gleichzeitig meine ich aber, dass es Wichtigeres zu diskutieren gibt, nämlich …")

Diese Fehler der Gesprächsführung bauen Barrikaden in der Kommunikation auf, die, je häufiger die destruktiven Gesprächsmerkmale zum Tragen kommen, immer größer und unüberwindbarer erscheinen. Besonders starke und hohe Kommunikationsbarrikaden kommen auch dann zustande, wenn in Gesprächen sogenannte **Killerphrasen** eingesetzt werden. Darunter versteht man Aussagen, die weder sachlich gerechtfertigt noch in irgendeiner Weise eine gesprächsförderliche Wirkung besitzen können.

Beispiele für sogenannte Killerphrasen: „Das haben wir so noch nie gemacht!"/„Das geht mit absoluter Sicherheit nicht gut!"/„Haben wir alles schon versucht – das brachte nichts!"/„Das ist eine Überforderung für uns alle!"/„Das ist doch alles graue Theorie"/„Warum jetzt plötzlich diese Änderung? Haben wir denn vorher etwa nicht gut gearbeitet?"/„Darüber sollten wir ein anderes Mal reden – jetzt nicht!"/„Darauf kann nur einer kommen, der keine Ahnung von der Praxis hat."/„Das klappt aufgrund der Vorschriften oder Erwartungen von außen nie!"/„Der Vorschlag klingt gut, ist aber mit Sicherheit nicht umzusetzen."/„Noch mehr Arbeit kann hier keiner verkraften."/„Das Alte soll man nicht verändern."/ „Wozu soll hier was in der Arbeit umgestellt werden? Haben wir nicht ständig unser Bestes gegeben?"/„In fünf Jahren kommen wieder neue Forderungen auf uns zu. Deshalb sollte alles so bleiben wie es ist." …

Es bietet sich daher an, **die eigene Sprache immer wieder zu betrachten, um sich selbst in den oben genannten Sprechmustern zu**

entdecken, eigene Killerphrasen zu vermeiden und Killerphrasen beim Gesprächspartner zu identifizieren bzw. zu thematisieren, damit ein Gespräch wieder zu einem sachlichen Informationsaustausch zurückfinden kann.

Literatur

Alt, J. A. (2000): Richtig argumentieren. München: C. H. Beck

Altmann, H. Chr. (1999): Die hohe Kunst der Überzeugung. 100 Tipps für mitreißende Rhetorik, effektivere Kommunikation und erfolgreiche Verhandlungen. Landsberg: mvg

Altmann, H. G. (1995): Überzeugt reden, verhandeln, argumentieren. München: Heyne

Bachmair, S. u. a. (1983): Beraten will gelernt sein. Ein Übungsbuch für Anfänger und Fortgeschrittene (2. Aufl.). Weinheim: Beltz

Birkenbihl, V. F. (2000): Fragetechnik ...schnell trainiert. Das Trainingsprogramm für Ihre erfolgreiche Gesprächsführung (11. Aufl.). Landsberg: mvg

Blickhan, C. (2005): Die sieben Gesprächsförderer. Miteinander reden lernen. Paderborn: Junfermann

Bower, S./Kayser, D. (1996): Erfolgreich reden und überzeugen. Der praktische Rhetorikkurs. Freiburg: Herder

Cicero, A./Kuderna, J. (2000): Die Kunst der Kampfrhetorik (3. Aufl.). Paderborn: Junfermann

Cicero, A./Kuderna, J. (2001): Clevere Antworten auf dumme Sprüche. Killerphrasen kunstvoll kontern. Paderborn: Junfermann

Cole, K. (1999): Kommunikation klipp und klar (2.Aufl.). Weinheim: Beltz

Crisand, E. (1003): Das Sachgespräch als Führungsinstrument. Heidelberg: Sauer

Dilts, R. B. (2001): Die Magie der Sprache. Paderborn: Junfermann

Egan, G. (1990): Helfen durch Gespräch. Ein Trainingsbuch für helfende Berufe. Weinheim: Beltz

Eisler-Mertz, Chr. (1998): Mit Worten überzeugen. Die gekonnte Gesprächsführung in Beruf und Alltag. Landsberg: mvg

Etrillard, St. (2003): Spitzengespräche. Faire Kommunikation durch gekonnte Gesprächsführung. Paderborn: Junfermann

Fournier, C. v. (2000): Charisma. Stockheim: Schmidt

Gordon, Th. (1977): Lehrer-Schüler-Konferenz. Reinbek: Rowohlt

Huisken, J. (2004): Methoden in Heilpädagogik und Heilerziehungspflege: Gesprächsführung. Troisdorf: Bildungsverlag EINS

Knoll, J. (1995). Kleingruppenarbeit. Anregen und zentrieren. In: Pädagogik, Heft 6

Lemmermann, H. (1991): Schule der Debatte. München: mvg

Lemmermann, H. (1993): Lehrbuch der Rhetorik. München: Olzog

Lemmermann, H. (1996): Schule der Debatte. München: mvg

May, R. (1991): Die Kunst der Beratung. Mainz: Matthias-Grünewald.

Niedenhoft, H.-U. und Schuh, Horst (1997). Argumentieren – diskutieren. Eine Taktikfibel für die Praxis (2. Aufl.). Köln: Deutscher Instituts-Verlag

Nierenberg, J. S. (1989): Verstehen und überzeugen. Techniken für einen erfolgreichen Dialog (3. Aufl.). München: mvg

Nix, U.H. (1990): Überzeugend und lebendig reden (3. Aufl.). München: mvg

Normann, R. von (1992): Schlagend argumentieren. München: Heyne

Pallasch, W. (1990): Pädagogisches Gesprächstraining. Lern- und Trainingsprogramm zur Vermittlung therapeutischer Gesprächs- und Beratungskompetenz. Weinheim: Juventa

Pesch, L. (2001): Moderation und Gesprächsführung: wie Kindergärten TOP werden. Neuwied/Berlin: Luchterhand

Portner, D. (2000): Überzeugend diskutieren. Diskussionstechniken zum besseren Durchsetzen Ihrer Ziele. Weinheim: Beltz

Rechtien, W. (1988): Beratung im Alltag. Psychologische Konzepte des nichtprofessionell beratenden Gesprächs. Paderborn: Junfermann

Reck, R. R. und Long, B. G. (1990): Unschlagbar verhandeln. Die beiderseitige Gewinnstrategie. München: mvg

Schuh, H./Watzke, W. (1983): Erfolgreich Reden und Argumentieren. Grundkurs Rhetorik. München: Hueber-Holzmann

Besonders empfehlenswerte Literaturhinweise für die Praxis

Allhoff, Dieter-W. (2010): Rhetorik und Kommunikation. Ein Lehr- und Übungsbuch. München: Ernst Reinhardt

Berckhan, Barbara (2008): Judo mit Worten. Wie Sie gelassen Kontra geben. München: Kösel

Blickhan, Claus (2005): Die 7 Gesprächsförderer. Miteinander reden lernen. Paderborn: Junfermann

Cialdini, Robert B. (2010): Die Psychologie des Überzeugens. Ein Lehrbuch für alle, die ihren Mitmenschen und sich selbst auf die Schliche kommen wollen. Bern: Hans Huber

Gehm, Theo (2006): Kommunikation im Beruf. Hintergründe, Hilfen, Strategien. Weinheim: Beltz

Härter, Gitte (2010): Nerv nicht! Über den Umgang mit Nervensägen, Rechthabern, Langweilern & Co. Offenbach: Gabal

Hogan, Kevin (2007): Überzeugen. Bern: Hans Huber

Krause, Matthias Paul (2009): Elterngespräche Schritt für Schritt. Praxisbuch für Kindergarten und Frühförderung. München: Ernst Reinhardt

Pawlowski, Klaus (2005): Konstruktiv Gespräche führen. Fähigkeiten aktivieren, Ziele verfolgen, Lösungen finden. München: Ernst Reinhardt

Wirtschaftsakademie Kiel, WAK (Hrsg.) (o.J.): Rethorik. Arbeitsmaterialien zur Zusatzqualifikation „Dozent in der Erwachsenenbildung"

Innenqualität durch Teamarbeit: Selbstbildung als kollegiale Herausforderung

Einleitung

Team – toll, ein anderer macht's.

Schon seit einiger Zeit existiert für die Elementarpädagogik eine „Qualitäts- und Bildungsoffensive", um Aufgaben, Inhalte, Vorgehensweisen, Ziele und Methoden der Arbeit zu dokumentieren. Vergessen wird dabei schnell, dass es immer schon eine Notwendigkeit war, eine deutliche Qualität im gemeinsamen Leben und Lernen mit Kindern zum Ausgangspunkt der Elementarpädagogik zu machen! Doch reichen weder hochgesetzte Ziele und schlagkräftige Schlagwörter noch markige Begriffsbezeichnungen aus, eine Qualitäts- und Bildungsoffensive voranzubringen. Vielmehr muss sich zunächst immer das **Hauptaugenmerk auf die Personen und das Kollegium** selbst richten, um auch tatsächlich eine hohe Qualität in der Praxis zu erreichen.

Ist ein Team tatsächlich ein Team?

Es gibt in der Elementarpädagogik – ähnlich wie in anderen Einrichtungen – kaum eine Arbeitsgruppe, die sich nicht als „Team" bezeichnet. So wie die Begriffe „Ganzheitlichkeit der Pädagogik" oder „Kindorientierung" vielerorts zu inhaltsleeren Worthülsen mutiert sind, wird auch das Wort **„Teamarbeit"** recht häufig vorschnell genutzt. Zunächst ist ein Team eine *Leistungsgruppe*, die sehr zielorientiert tätigkeitsnotwendige Aufgaben in Angriff nimmt und in effizienter Zusammenarbeit aktuelle Herausforderungen erkennt, aufgreift und konstruktiv löst. Dabei geht es primär um qualitativ hochwertige Orientierungen, zumal die Einrichtungs-, Programm- und Prozessqualität immer von der Personal- und damit von der Teamqualität abhängig ist.

> *Merke: Eine Einrichtung ohne Teamarbeit lebt wie ein Fisch ohne Wasser bzw. eine Elementarpädagogik ohne Teamarbeit gleicht einem Auto ohne Kraftstoff – damit ist ein Vorwärtskommen ausgeschlossen.*

Egozentrismus zerstört eine Teamentwicklung!

Vor Jahren gab es das Bild einer Aufgabenerfüllung im „Team", bei der jeder nach seinen Möglichkeiten und Fähigkeiten/Fertigkeiten dazu beizutragen versuchte, seinen persönlichen, individuellen Anteil einzubringen, um sich einem angestrebten Ziel zu nähern. Es ging um ein Verständnis von Teamarbeit, wo Menschen mit unterschiedlichem Know-how, unterschiedlichen Ressourcen, unterschiedlichen Werten und Normen sowie unterschiedlichen Arbeitsauffassungen durch ihre Unterschiedlichkeit die Vielfalt eines „Teams" ausmachten. Getreu dem Motto: In der Vielfalt und Unterschiedlichkeit liegt die Stärke eines Teams. Eine solche Vorstellung führte dann aber eher nur zu Teilerfolgen, Teilentwicklungen, Teilzielerreichungen oder zu Problemverschiebungen! Trotz dieser Erkenntnisse hat sich diese Vorstellung von „Team" in vielen Arbeitsgruppen bis heute erhalten. Die Frage nach möglichen Gründen dafür ist schnell beantwortet. Auf der einen Seite besteht gerade in der (Elementar-) Pädagogik die Annahme, dass die Individualität bzw. das individuelle Interesse des Einzelnen eine höhere Priorität besitzt als **eine gemeinsame, inhaltlich notwendige Aufgabenorientierung,** die es zu erledigen gibt. Auf der anderen Seite setzen Menschen persönliche Bedürfnislagen über erforderliche Arbeitsanforderungen („Mir geht es heute nicht gut"/„Das kann ich nicht, jemand anders kann es besser"/„Es gibt nicht nur den Kindergarten für mich"/„Bei besserer Bezahlung würde ich mich auch mehr einbringen" ...). Damit machen sie sich selbst – nicht die Kinder, nicht die Profilentwicklung einer Einrichtung, nicht die Qualitätsverbesserung des Tätigkeitsfeldes –

zum eigentlichen Ausgangs- und Mittelpunkt der Betrachtung. Wenn in diesem Zusammenhang die Frage aufgeworfen werden muss, warum beispielsweise die Qualität vieler elementarpädagogischer Einrichtungen nur ausreichend oder mangelhaft ist (beispielsweise in den Arbeitsschwerpunkten Öffentlichkeitsarbeit, Elternbildung und -beratung, Struktur- und Zeitmanagement, Konflikt- und Methodenkompetenz, Bildungsarbeit in Sinnzusammenhängen), dann liegt die Antwort klar auf der Hand: **Persönliche Eitelkeiten und ungelöste Gruppenkonflikte blockieren qualitätsgeprägte Entwicklungen.** Aufgrund dieser Erkenntnis beginnen viele Kollegien damit, zunächst eine Bestandsaufnahme ihrer „Teamarbeit" zu machen, ausgerichtet auf die Frage, ob die eigene Arbeitsgruppe tatsächlich ein Team ist.

Eine Teamcheckliste: Sind wir überhaupt ein Team?

Es ist hilfreich, wenn sich alle Mitarbeiter/-innen in einem Kollegium zunächst auf folgende Eckwertefragen konzentrieren:

- Gibt es gemeinsame handlungsleitende Werte, die auf eine persönliche und fachliche Weiterentwicklung ausgerichtet sind? Wenn ja, welche?
- Besteht tatsächlich eine positive, zielbewusste Einstellung zu selbsterfahrungs- und fachorientiertem Lernen? (Beispiele von allen Kollegen!)
- Fühlt sich tatsächlich jedes Mitglied des Kollegiums verantwortlich für das Profil der Einrichtung? Wie zeigt sich das bei wem in der Praxis?
- Schätzt jede(r) Mitarbeiter/-in ihre Fach- und Handlungskompetenzen realistisch ein und werden von jedem Schritte unternommen, das vorhandene Potenzial Schritt für Schritt auszubauen? (Beschreibung von Entwicklungen!)

- ☐ Gehören Tagesreflexionen im Hinblick auf Zielüberprüfungen zur alltäglichen Praxis und werden dabei entdeckte Defizite in konstruktive Handlungsziele umgearbeitet?
- ☐ Werden persönliche Vorlieben und Interessen mit arbeitserforderlichen Notwendigkeiten verglichen und erstere ggf. zurückgestellt? (Beispiele!)
- ☐ Bestimmt der konstruktive Dialog unter den Kollegen das tägliche Arbeitsklima oder gibt es destruktive Umgangsformen (sich aus dem Weg gehen, Oberflächlichkeit der Beziehungen)?
- ☐ Werden Erwartungen bezüglich der persönlichen und fachlichen Weiterentwicklung formuliert, offen geäußert und als neue Zielsetzungen für die eigene Person angesehen?
- ☐ Werden Unstimmigkeiten im Kollegium von allen Personen thematisiert und auf sachlicher Ebene geklärt? Wer hält sich zurück bzw. zieht sich aus der Verantwortung?
- ☐ Zeigen sich alle Kollegen als faire Mit-Streiter/-innen und bringen sie fachliche Neugierde, aktive Vorschläge bei bedeutsamen Fragestellungen und sachliches Interesse bei Problemlösestrategien mit?
- ☐ Gehört ein „entdeckendes Lernen“ zum Alltag aller Mitarbeiter/-innen und unternehmen alle den Versuch, negative Merkmale der Arbeit zielorientiert zu verändern und positive Entwicklungen effektiv zu unterstützen bzw. zu toppen? (Beispiele!)
- ☐ Sind alle Kollegen in der Selbst- und Fremdbeobachtung geübt und unterstützen sie durch aktive Handlungsschritte Selbst- und Fremdentwicklungsprozesse?

- Kommen von allen Kollegen bei Dienstbesprechungen, Konferenzen und Arbeitssitzungen Impulse zur Verbesserung der Umgangskultur und des Arbeitsklimas?

Teamarbeit kennzeichnet sich also zunächst in einer **zielorientierten Bestandsaufnahme des „Status quo"**, weil es vor allem darum geht, den Teambegriff klar auf den Punkt zu bringen und ggf. Schwachpunkte zu verändern. So wie es einerseits kein „gutes" oder „schlechtes" Team gibt, gibt es andererseits doch den Begriff „Team" selbst als ein feststehendes Qualitätsmerkmal. Andernfalls ist es eine Arbeitsgruppe, ein Kollegium oder ein Zusammenschluss von elementarpädagogischen Mitarbeiter/-innen. Wenn dem recht sorglosen und leichtfertigen Gebrauch des Begriffes „Team" zunächst ein Riegel vorgeschoben wird, ist ein erster, aber wesentlicher Schritt im Aufbau einer Teamqualität getan.

Teamqualität und ihre Merkmale

Wenn es in der Programm- und Produktqualität einer elementarpädagogischen Einrichtung darum geht, Grundsatzfragen zu klären, konzeptionelle Eckwerte für die Pädagogik festzuschreiben und sowohl im Innen- als auch im Außenbereich transparent zu machen, den Kindern feste Bindungserfahrungen zu ermöglichen und den bedeutsamen Erziehungs-, Betreuungs- und Bildungsauftrag fachkompetent umzusetzen, bedeutsame Sachkontexte zu beachten und sinnverbundenes Verhalten zu zeigen, dann ist das **Kollegium als Team der Ausgangspunkt** für das Erreichen dieser Ziele.

Teamqualität zeigen heißt,

- in lebendiger Auseinandersetzung miteinander persönliche und fachliche Unterschiede zu entdecken und durch Weiterentwicklung eine gemeinsame Sicht- und Verhaltensbasis aufzubauen;

- Beziehungen miteinander zu thematisieren und dort, wo es nötig ist, Klärungsprozesse einzuleiten, um Widerstände, Vorurteile, Misstrauen und zurückliegende Verletzungen abzubauen;
- Selbstverantwortung zu übernehmen und an den Stellen zu zeigen, an denen eine fachliche Profilierung angezeigt ist;
- persönliche Ressourcen und eigene Potenziale immer wieder aufs Neue zu entdecken, aufzunehmen und auszubauen;
- sich mit der Arbeit, den Zielen und fachlichen Aufgaben der eigenen Einrichtung zu identifizieren, um dem Haus ein unverwechselbares Profil geben zu können;
- zurückliegende Erfahrungen auf ihren heutigen Bedeutungswert zu überprüfen und neue Visionen zuzulassen, damit aktuelle und künftige Anforderungen schon in der Gegenwart strukturiert vorbereitet werden können;
- regelmäßige Dienstbesprechungen mit allen Beteiligten für fachliche Gespräche und Arbeitsplanungen zu nutzen;
- bei Arbeitsvorhaben entsprechend einer Prioritätenliste Schwerpunkte zu setzen, bei denen jedes Mitglied des Kollegiums eine entsprechend anspruchsvolle Aufgabe übernimmt;
- bei schwierigen Problemen oder größeren Konflikten hilfreiche Einigungsprozesse einzuleiten, um Beziehungsschwierigkeiten zu minimalisieren und Sachklärungen in den Vordergrund zu stellen;
- motiviert, neugierig, engagiert und innovativ an einer Teamkultur mitzuarbeiten, sodass trotz aller neu auftauchenden

Probleme und Fragestellungen ein gutes Klima für sachorientierte Pädagogik hergestellt ist;

- Konflikte als eine Herausforderung zu begreifen, in der es nicht um Sieger und Verlierer, sondern um Chancen der individuellen und institutionellen Entwicklung geht.

Ohne Frage ist ein Team damit die **Quelle für Produktivität,** Fantasie, Kreativität und gleichzeitig Realitätsbewusstsein. Damit ist ein Team auch ein **Medium für lebendige Kommunikation** und ein Ort für Sozialkompetenz und Fachorientierung. Das Team wird dann als Motor dafür wirken, nötige Arbeitsreformen zuzulassen und Systemveränderungen zu ermöglichen. Ein Team zeichnet sich als ein **Ort der Leistungsmotivation** aus und dient ganz nebenbei als **Korrektiv für destruktiv eingeschlagene Arbeitswege.**

Stolperfallen für die Teamentwicklung

Die Entwicklung von der Gruppe, dem Kollegium zum Team ist ein **arbeitsintensiver Prozess,** bei dem jeder dazu beitragen muss, dass diese Entwicklung in Gang gesetzt wird. Häufig gibt es Verhaltensweisen, die es einer Gruppe erschweren, sich zu einem Team zu entwickeln. Vor allem sind es immer wieder dieselben Vorstellungen, die – offen oder verdeckt – dafür sorgen, dass Prozesse nicht vorankommen. So unterbricht ein **„Harmonieverständnis“** die Dynamik, Dinge auf den Tisch zu bringen, um beispielsweise „alte Geschichten“, die sogenannten „**Leichen im Keller“** zu thematisieren. Gleichzeitig werden oftmals **„Problemmantelpunkte“** diskutiert, nicht selten in epischer Länge, durch die die eigentlichen Problemkerne verdeckt und ausgeklammert werden. **„Fehlende Selbstkritik“** oder **„Selbstdarstellungsversuche“** lenken von thematischen Schwerpunkten ebenso ab wie **Rivalitäts- oder Machtkämpfe,** die einzig und allein dem Ziel dienen, individuelle Beziehungsgefechte zu gewinnen.

Das Team als Klassifikation für Qualität und Güte

Das Team als Klassifikation für Qualität und Güte orientiert sich an professionellen Maßstäben, um mit **Fach-, Sach- und Methodenkompetenz** ein inhaltlich gesetztes Ziel zu erreichen. Das „offene Feedback" als Einführung in einer Dienstbesprechung ist dabei ein ebenso großer Zeitkiller wie das Bestehen auf Begriffe wie z. B. „Offenheit" oder „Toleranz". Solche Schlagwörter sind in einer professionellen Pädagogik nicht mehr zu finden, ebenso wie zeitraubende Einstiegsrunden. Qualitätskriterien geben spezifische Anforderungen an Verhaltensmerkmale vor: Insofern ist **Intoleranz** gegenüber denjenigen Verhaltensweisen erforderlich, die eine Qualitätsentwicklung verhindern. Und wer unter Offenheit die Anforderung versteht, jede neue bildungspolitische Strömung zu verfolgen, vergibt die Chance einer sorgfältigen Prüfung, ob der neue Impuls tatsächlich nutzbar oder nutzlos, vielleicht sogar kontraproduktiv ist. **Die Arbeit im Team hat sich den inhaltlichen Aufgaben einer Einrichtung zu stellen, in der Kinder entwicklungsförderliche oder -hemmende Einflüsse erfahren.** Persönliche Befindlichkeiten sollten dabei stets im privaten Bereich geklärt werden (was nicht heißt, eine Beziehungskultur durch wertorientiertes Verhalten zu pflegen!).

Statt des „Spiegelns von Empfindungen als Form der Rückmeldung" geht es um direkte, deutliche Auseinandersetzungen, die durch Klarheit und ein Interesse an allen Personen charakterisiert sind. Statt um „Rücksichtnahme auf Befindlichkeiten" geht es um problemverändernde Verhaltensanforderungen an sich selbst und andere, darum Unstimmigkeiten und Problemstellungen strukturiert auf den Tisch zu legen. Und wenn es in der Entwicklung von Teamarbeit immer wieder an nicht ausreichender Motivation zur Weiterentwicklung, an fehlendem Engagement, an unzureichenden Qualifikationsmerkmalen und an zu niedrigen Leistungsstandards liegt, dass Qualität in Kinderschuhen stecken bleibt, dann muss es dem Kollegium gelingen,

Grundsätzlichkeiten zu klären! Und darin liegt stets der Kern von Teamentwicklungsprozessen. Erst wenn sogenannte Problemmantelpunkte (also Nebensächlichkeiten) beiseitegelegt und „Problemkerne" (Aufgaben mit erster Priorität) inhaltlich gelöst werden, erst dann kann das Augenmerk auf eine von Qualität geprägte Elementarpädagogik gelenkt werden.

Literatur

Bähner, Christian/Oboth, Monika & Schmidt, Jörg (2008): Konfliktklärung in Teams und Gruppen. Praktische Anleitung und Methoden zur Mediation in Gruppen. Eine Praxisbox. Paderborn: Junfermannsche Verlagsbuchhandlung

Blanchard, Ken/Randolph, Alan/Grazier, Peter (2010): Go Team! Teamarbeit auf höchstem Niveau. Offenbach: Gabal Verlag

Jalka, Susanne (2001): Konstruktiv streiten. Das Einmaleins der Konfliktintelligenz. Frankfurt: Eichborn Verlag

kindergarten heute (Hrsg.) (o.J.): basiswissen kita. Teamentwicklung. Was macht ein Team zum Team? Freiburg: Verlag Herder

Krenz, Armin (2006): Teamarbeit und Teamentwicklung. Grundlagen und praxisnahe Lösungen (2.Aufl.). Büsingen: K2 Verlag

Larsson, Liv (2009): Begegnung fördern. Mediation in Theorie und Praxis. Paderborn: Junfermann Verlag

Lindemann, Gabriele + Heim, Vera (2009): Erfolgsfaktor Mensch. Wertschätzend führen - wirksam kommunizieren. Paderborn: Junfermann Verlag

Maaß, Evelyne + Ritschl, Karsten (1997): Teamgeist. Spiele und Übungen für die Teamentwicklung. Paderborn: Junfermann Verlag

Müller, Ulrike (2010): So führen Sie ein Team zum Erfolg. Ein Leitfaden für Prozessbegleiter, Moderatoren und Gruppenleiter. Offenbach: Gabal Verlag

Rhode, Rudi et al. (2003): Angriff ist die schlechteste Verteidigung. Der Weg zur kooperativen Konfliktbewältigung. Paderborn: Junfermann Verlag

Will, Franz (2002): Was bremst mein Team? 20 Situationen und ihre Lösungen. lösen Weinheim: Beltz Verlag

Will, Franz (2008): Emotionen am Arbeitsplatz. Teamkonflikte erkennen und lösen (2. Aufl.). Weinheim: Beltz Verlag

Öffentlichkeitsarbeit: ein notwendiger Teilbereich einer professionellen Kita-Pädagogik

Einführungsgedanken

Über viele Jahrzehnte führte die Kindertagesstättenpädagogik ein eher unspektakuläres Dasein – es wurde viel gebastelt, die Jahreszeiten bestimmten den pädagogischen Arbeitsverlauf und der Schwerpunkt der Gesamtarbeit lag auf der Betreuung(!) der Kinder. Bis neue pädagogische Arbeitsansätze ab den 70er- und 80er-Jahren des letzten Jahrhunderts, eine Qualitätsdiskussion ab den 90er-Jahren, eine Bildungsdiskussion mit Beginn des neuen Jahrhunderts und vor allem eine Fokussierung auf die Neurobiologie und die Bindungsforschung ab Mitte des ersten Jahrzehnts dieser Zeit für **neue Zielrichtungen** und **neu formulierte Aufgaben** sorgten.

Kindertageseinrichtungen sind schon seit 1970 als eigenständige Bildungseinrichtungen im Bildungssystem der Bundesrepublik Deutschland integriert und besitzen offiziell die gleiche Wertigkeit im Vergleich mit den nachfolgenden Bildungsinstitutionen. In Anbetracht der besonders hohen Bedeutung, die Kindertageseinrichtungen für nachhaltige Selbstbildungsprozesse von Kindern besitzen, ist es unumgänglich, dass dieser nicht zu unterschätzende Bedeutungswert auch immer wieder der Öffentlichkeit vor Augen geführt wird. Nur langsam setzt sich das Bewusstsein im öffentlichen Leben durch, dass Kindertageseinrichtungen keine „Kleinkindschulen" oder „Bastelstuben" und elementarpädagogische Fachkräfte keine „Spieltanten" bzw. „Kindergärtner/-innen" sind. Es mag vielfältige Gründe geben, warum der Elementarbereich im Vergleich mit anderen Bildungseinrichtungen immer noch unter dem Klischee betrachtet wird, dass Kindertageseinrichtungen in ihrem Stellenwert unterhalb der Schulpädagogik angesiedelt werden, was fachlich unberechtigt und sozialpolitisch betrachtet falsch ist. Insofern muss es die Elementarpädagogik in der Gegenwart und Zukunft schaffen, ihr besonderes Profil in die Öffentlichkeit zu tragen und endlich dafür zu sorgen, dass sie den Platz, der ihr zusteht, auch endlich zuerkannt bekommt. Es war (leider) nie der Anspruch vieler elementarpädagogischer Kräfte, für ein verändertes und fachlich klares Rollenbild des eigenen Berufsstandes und der besonderen Pädagogik zu sorgen. Insofern hat sich die Elementarpädagogik auch selbst diesen Schuh anzuziehen. Gleichzeitig besteht allerdings gerade in der aktuellen politischen Debatte über die nicht zu unterschätzende Bedeutung der Elementarpädagogik für eine nachhaltige Entwicklungsunterstützung (und Persönlichkeitsbildung) der Kinder die einmalige Chance, die FACHINSTITUTION KINDERTAGESSTÄTTE auch von Seiten der PRAXIS ins Gespräch zu bringen.

Öffentlichkeitsarbeit bezweckt bestimmte Zielsetzungen

Jede Art von Institution – egal, um welche Einrichtung es sich handelt und mit welchem Schwerpunkt diese Einrichtung verbunden ist – hat sich im Laufe ihrer Existenz – beabsichtigt oder unbeabsichtigt sei einmal dahingestellt – ein ganz bestimmtes IMAGE erworben. Dabei kann es passieren, dass Personen, deren Meinung über diese betreffende Institution gefragt ist, im ersten Augenblick ihrer Einschätzung die Nase rümpfen, voller Hochachtung gute oder sogar beste Bewertungen abgeben oder achselzuckend ihre Schultern heben und überrascht sind, dass diese Institution überhaupt einen bestimmten Schwerpunkt verfolgt.

Wenn eine qualitätsgeprägte und professionell gestaltete **Öffentlichkeitsarbeit wirklich erfolgreich** sein möchte, dann muss der Blick aller Mitarbeiter/-innen stets in zwei Richtungen verlaufen:

a) nach innen – in das Zentrum der Einrichtung selbst, die unterschiedlichen und vielfältigen Aufgaben, die bisherigen Stärken und Schwächen sowie ihre unverwechselbaren Besonderheiten und

Bestandsaufnahme zur aktuellen Situation der Öffentlichkeitsarbeit

Zielgruppe	IST-Situation: Beispiele, die die „Stärken" herausstellen	IST-Situation: Situationsbeschreibungen, die die „Schwächen" offenlegen
Eltern		
Lehrer/-innen der Grundschule		
Kinderärzte		
Logopäden		
Ergotherapeuten		
Motopäden		
Beratungsstellen		
frei praktizierende Psychologen		
Jugendämter		
örtliche Presse		
überregionale Presseorgane		
Nachbarschaft		
Regionale TV-Sender		
Sponsoren		
Politische Mandatsträger		
(über-)örtliche Firmen/ Gesellschaften		
(über)örtliche Vereine		
andere Kindertagesstätten		
Fach(hoch)schulen		
....		

Öffentlichkeitsarbeit dient nicht als Pseudo-Darstellung noch als Rechtfertigung

Öffentlichkeitsarbeit leitet sich nicht aus einem Selbstzweck, der in sich selbst begründet ist oder einer notwendigen Rechtfertigung ab, die sich lediglich aus der Vollständigkeit eines elementarpädagogischen Qualitätsinventariums ergibt.

Öffentlichkeitsarbeit ist auch nicht deswegen ein bedeutsames Arbeitsfeld der Elementar- oder Primärpädagogik, weil irgendwelche Menschen der Überzeugung waren bzw. sind, dass diese Tätigkeit mit einer professionellen Pädagogik verknüpft sein muss.

Öffentlichkeitsarbeit gehört vielmehr zu den festen Bestandteilen einer professionell verstandenen Elementarpädagogik, weil es berufspolitisch sinnvoll und gesellschaftspolitisch erforderlich ist, diese einzigartige Pädagogik in der Öffentlichkeit zu präsentieren.

Öffentlichkeitsarbeit ergibt sich also aus dem Zusammenhang notwendiger Erfordernisse.

Öffentlichkeitsarbeit fordert dabei alle Beteiligten auf, sich mit sich und den eigenen (In-)Kompetenzen auseinanderzusetzen, getreu dem Motto:

Wer etwas öffentlich erreichen möchte, muss zunächst sich selbst erreichen.
Wer der Öffentlichkeit nahe sein will, muss sich selbst nahe sein.
Wer von der Öffentlichkeit etwas verlangt, muss sich selbst einen Arbeitseinsatz abverlangen.
Wer von der Öffentlichkeit etwas erwartet, muss zunächst Erwartungen an sich selbst stellen und auch erfüllen.
Wer Öffentlichkeit informieren will, muss selbst sehr viele fachliche und aktuelle Informationen besitzen.
Wer Verantwortung für „die gute Sache“ delegiert, muss eigene Verantwortung für sein eigenes Tun und Nichtstun übernehmen.
Und wer Öffentlichkeit für etwas motivieren will, muss selbst viel Motivation in sich tragen.

Kindergärten und andere sozialpädagogische Einrichtungen, die ein Interesse daran haben,

- ihr fachliches Interesse, verbunden mit einer persönlichen Überzeugung zu verdeutlichen,
- ihr Berufsbild zu stärken,
- als Interessenvertreter/-innen für Kinder zu wirken,
- ihrer Einrichtung zu einem (noch) deutlich(er)en Profil zu verhelfen,
- ihre Arbeit und Aufgaben, Schwerpunkte und Ziele transparent öffentlich nachvollziehbar zu machen,
- ihre Zusammenarbeit mit anderen Personen und Institutionen zu verbessern und
- ihre Einrichtung konstruktiv in eine öffentliche Beachtung und Diskussion zu bringen, wählen vielfältige, aktive Formen der Öffentlichkeitsarbeit, die auch tatsächlich eine breite Außenwirkung in Gang setzen werden.

Öffentlichkeitsarbeit zeigt sich in einer breiten Vielfalt

In einer Vielzahl von Kindertagesstätten gibt es eine häufig zu beobachtende Haltung der Mitarbeiter/-innen, die entweder durch eine traditionell gepflegte „stille Kleinkindpädagogik" (mit einem reaktiven Charakter, getreu dem Motto „Nur nicht auffallen") charakterisiert werden kann oder in der es darum geht, permanent und ohne Unterlass in der Öffentlichkeit aufzutreten (getreu dem Motto: „Springe auf jeden neumodischen Zug auf, lasse dich auf jeden aktuellen Trend ein und zeige der Öffentlichkeit, dass du mit deiner Pädagogik stets und immer „up to date" bist").

Beide Grundsatzhaltungen bzw. Einstellungen sind für eine professionell gestaltete Öffentlichkeitsarbeit weder hilfreich noch akzeptabel.

Eine aussagekräftige Elementarpädagogik verfolgt stattdessen ihr Ziel, den eigenständigen Erziehungs-, Bildungs- und Betreuungsauftrag **mit vielfältigen Dokumentationsbelegen** transparent zu machen und ihr unverwechselbares Profil nach außen zu transportieren.

Dafür gibt es unterschiedliche Möglichkeiten, die über das ganze Jahr verteilt genutzt bzw. eingesetzt werden können:

1.) Die Konzeption dient nicht nur den Eltern als Orientierungswert für die zu leistende pädagogische Arbeit, sondern sie kann auch im unmittelbaren (Wohn-)Umfeld als Informationsgeber z. B. in Kinderarztpraxen oder therapeutischen Einrichtungen ausgelegt werden;

2.) Professionell arbeitende Kindertageseinrichtungen können in Absprache mit den Kindern und ihren Eltern die Projektdokumentationen auch in öffentlichen Einrichtungen ausstellen, um die Schwerpunkte ihrer Arbeit transparent zu machen.

3.) Durch die regelmäßigen Jahresberichte, die im Monat Dezember veröffentlicht werden, stellen Kindertageseinrichtungen die besonderen Höhepunkte und besonderen Schwerpunkte ihrer Arbeit dar.

4.) Sowohl Fachzeitschriften im Feld der Elementarpädagogik als auch viele wissenschaftlich tätigen Autoren freuen sich in besonderem Maße, wenn elementarpädagogische Fachkräfte ihre eigenen Fachbeiträge publizieren oder auch an Fachpublikationen mitarbeiten.

5.) Kindertageseinrichtungen sind immer auch ein Teil des Gemeinwesens. Wenn sie sich auch als ein Teil dieser Vernetzung verstehen, gibt es immer wieder die Möglichkeit, im Rahmen bestimmter Aktionen mitzuwirken und auf diese Weise als engagierte Einrichtung in der Öffentlichkeit zu erscheinen.

6.) In vielen Städten und Gemeinden werden immer wieder (sozial-) politische Diskussionen geführt, bei denen die Elementarpädagogik (unter besonderen Fragestellungen) thematisiert wird. Hier bietet es sich an, dass elementarpädagogische Fachkräfte dafür sorgen, dass mit ihnen und nicht über sie gesprochen wird.

7.) Fachsymposien und Kongresse bilden ein großes Forum, auf dem elementarpädagogische Fachkräfte aktiv mitwirken können. So besteht die Möglichkeit, dass sie eigene Workshops anbieten, an Plenumsdiskussionen teilnehmen oder eigene Vorträge halten, denen eine gelungene Symbiose von Praxis und Theorie zugrunde liegt.

8.) Diverse Fachschulen/-akademien/Fachhochschulen/Hochschulen geben elementarpädagogischen Fachkräften immer wieder die Möglichkeit, zu bestimmten Themenschwerpunkten aus der Praxis zu berichten bzw. Unterrichtsanteile zu besonderen Praxiselementen zu übernehmen. Wenn diese Möglichkeit immer stärker aufgenommen und ausgebaut werden würde, käme es zu einer wunderbaren Kooperation, von der beide Richtungen in hohem Maße profitieren würden.

9.) Lokale Radio-/Fernsehsender bieten eine hervorragende Plattform, um aktuelle bzw. bedeutsame Fragestellungen der Elementarpädagogik für die Öffentlichkeit bereitzustellen. Dasselbe gilt für Tages- oder Wochenzeitungen.

Diese und viele weitere Möglichkeiten einer offensiven Öffentlichkeitsarbeit tragen nachhaltig dazu bei, den Kindertageseinrichtungen zu ihrem berechtigten Stellenwert in der Gesellschaft zu verhelfen.

Öffentlichkeitsarbeit ist stets spannend, lebendig und aufregend. Sie schafft gezielt und aktiv Situationen, die in der Öffentlichkeit mit einer interessierten Spannung wahrgenommen werden und dazu reizen, mehr in Erfahrung zu bringen.

Unverwechselbare Merkmale einer qualitätsgeprägten, offensiven Öffentlichkeitsarbeit:

- Öffentlichkeitsarbeit muss Neugierde und Interesse wecken!
- Öffentlichkeitsarbeit muss interessant und lebendig gestaltet sein!
- Öffentlichkeitsarbeit sollte eine Diskussion in Gang setzen!
- Öffentlichkeitsarbeit muss durch Kontinuität gekennzeichnet sein!
- Öffentlichkeitsarbeit verlangt vom Anbieter Einsatz und inneres Engagement!
- Öffentlichkeitsarbeit muss ein hohes Maß an Aktualität besitzen!
- Öffentlichkeitsarbeit muss sowohl gegenwartsorientiert als auch perspektivisch ausgerichtet sein!
- Öffentlichkeitsarbeit dient weder der persönlichen Eitelkeit noch einem privaten Interesse!

- Öffentlichkeitsarbeit ist ein aktiver (agierender), kein passiver (reagierender) Prozess!
- Öffentlichkeitsarbeit ist stets ein geplanter und strukturierter Vorgang!
- Öffentlichkeitsarbeit bedient sich zielorientierter Methoden und wählt situationsorientiert angemessene Formen!
- Öffentlichkeitsarbeit will Einfluss nehmen und Meinungen gestalten!
- Öffentlichkeitsarbeit ist immer eine Kombination aus einer Sach- und Beziehungspflege!
- Öffentlichkeitsarbeit baut gezielt Berührungsängste ab!
- Öffentlichkeitsarbeit trägt zu einer niveauvollen Streitkultur bei!
- Öffentlichkeitsarbeit muss ein fester Bestandteil der Elementarpädagogik sein!

Zum Schluss

Die Elementarpädagogik ist in einem ständigen Entwicklungsprozess begriffen. Neue wissenschaftliche Erkenntnisse fordern zum Überdenken bisheriger Positionen auf. Die Öffentlichkeit hat einen berechtigten Anspruch darauf, an diesen Veränderungen teilzuhaben. Wenn es die Elementarpädagogik schafft, selbst in Bewegung zu bleiben, starre Mechanismen zu verändern und neue Strukturen zu bilden, dann besteht bei den elementarpädagogischen Fachkräften auch der Wunsch, andere an dieser spannenden Entwicklung zu beteiligen. Und damit ist die wesentliche Grundlage für eine qualifizierte Öffentlichkeitsarbeit gelegt, getreu dem Motto: **„Wer sich nicht bewegt, kann auch nichts bewegen."** Oder noch präziser formuliert: **„Tue Gutes und transportiere es gezielt und gekonnt in die Außenwelt."**

Literatur

von Balluseck, Hilde (Hrsg.) (2008): Professionalisierung der Frühpädagogik. Perspektiven, Entwicklungen, Herausforderungen. Opladen: Verlag Barbara Budrich

Krenz, Armin (2009): Professionelle Öffentlichkeitsarbeit in Kindertagesstätten. Schaffhausen: SCHUBI Lernmedien AG

Wahlgren, Anna (2006): Kleine Kinder brauchen uns. Weinheim: Beltz Verlag

ENTWICKLUNGSORIENTIERTE ELEMENTARPÄDAGOGIK

In einer Zeit wirtschaftlicher und technologischer Wandlungen, veränderter Situationen des Wohnens und Zusammenlebens, in der mediale Konsumorientierung bereits das frühkindliche Leben mitprägt, sollten wir einmal einen Schritt zurücktreten und – ohne uns den modernen Möglichkeiten zu verweigern – darüber nachdenken, was unsere Kinder, seien es eigene oder im pädagogischen Rahmen anvertraute, zu einer positiven Selbstentwicklung wirklich brauchen.
Armin Krenz behandelt fach- und sachkundig und stets praxisnah das Thema der frühkindlichen Entwicklung, sei es im Bereich der Sprache, der Motorik, der sozialen Persönlichkeit oder der Kognition. Er zeigt auf, welche große Bedeutung die Beobachtung und Begleitung der kindlichen Entwicklung in der Pädagogik spielt, sei es im Umgang mit Verhaltensauffälligkeiten oder zur Ermöglichung einer freien Spielpraxis, die die positive Entwicklung der kindlichen Persönlichkeit erst ermöglicht.

Klappenbroschur, 200 Seiten
4-fbg. Abb. und Illustrationen
19,90 € [D] / 20,50 € [A]

ELEMENTARPÄDAGOGIK AKTUELL

Kindertagesstätten haben einen eigenen Erziehungs-, Bildungs- und Betreuungsauftrag, der sich ganz auf eine professionelle Entwicklungsbegleitung von Kindern bezieht. Ausgangspunkt ist das Kind mit seinen Ausdrucksformen und Entwicklungsbedürfnissen, seinen Entwicklungspotenzialen und rechten. Dabei kommt den ErzieherInnen eine außergewöhnlich große Bedeutung zu, diese Entwicklungsunterstützung professionell zu gestalten und kompetent auszufüllen.

Das vorliegende Buch ist eine sorgsame Zusammenstellung unterschiedlicher Beiträge des Autors, um fachlich berechtigte Ansprüche an die Elementarpädagogik zu begründen, zu erläutern und anhand praktischer Beispiele auszuführen. Humanistisch geprägte Grundlagen und qualitative Arbeitsimpulse ergänzen sich dabei in einer ausgewogenen Form.

Klappenbroschur, 208 Seiten
4-fbg. Abb. und Illustrationen
19,90 € [D] / 20,50 € [A]

ELEMENTARPÄDAGOGIK UND PROFESSIONALITÄT

Eine qualitätsgeprägte Elementarpädagogik verlangt von den Fachkräften ein identisches und professionelles Handeln. Nur so geben ErzieherInnen und Leitungskräfte dem Kindergarten ein eigenes, unverwechselbares Profil und sorgen damit für eine kompetente Pädagogik. Dieser zweite Band – als Folgepublikation von Elementarpädagogik aktuell – geht speziell auf die Person(al)-qualität von elementar-pädagogischen Fachkräften ein. Dazu werden vier Schwerpunkte betrachtet:

- der „Lebensraum Kindergarten" als Interaktionsgeflecht zwischen Kindern und ErzieherInnen selbst.
- Der „Konfliktraum Kindergarten" als Lernfeld für konfliktüberwindende Kommunikation.
- Die Leitungskraft als Ausgangspunkt und Motor für eine kompetente Profilentwicklung.
- Perspektiven für eine innovative und zeitaktuelle Elementarpädagogik.

Klappenbroschur, 192 Seiten
4-fbg. Abb. und Illustrationen
19,90 € [D] / 20,50 € [A]

DER SITUATIONSORIENTIERTE ANSATZ – AUF EINEN BLICK

Ganzheitliches Leben und Lernen, das verspricht der Situationsorientierte Ansatz. Wie sieht das in der Praxis aus? Im Mittelpunkt stehen die Lebensthemen und bedeutsamen Situationen der Kinder. Sie sind Grundlage für die Projektfindung und -durchführung. Hier erhalten Sie sehr praktische Hinweise, wie Sie anhand von Spielformen, Erzählthemen, Kinderbildern oder Bewegungen die wichtigen Themen erkennen können. Dazu erhalten Sie einen Einblick in die Entstehungsgeschichte des Ansatzes.

Broschur, 96 Seiten
4-fbg. Abb. und Illustrationen
9,90 € [D] / 10,20 € [A]